AF607699

ACCESO GRATIS *a la Lectura en la Nube*

Para visualizar el libro electrónico en la nube de lectura envíe junto a su nombre y apellidos una fotografía del código de barras situado en la contraportada del libro y otra del ticket de compra a la dirección:

ebooktirant@tirant.com

En un máximo de 72 horas laborales le enviaremos el código de acceso con sus instrucciones.

LA NUEVA VISIÓN SUBJETIVA DEL DOLO O DE LA CULPA GRAVE EN LA ACCIÓN DE REPETICIÓN

LA NUEVA VISIÓN SUBJETIVA DEL DOLO O DE LA CULPA GRAVE EN LA ACCIÓN DE REPETICIÓN

MAURICIO FERNANDO RODRÍGUEZ TAMAYO

MARÍA VICTORIA CASTAÑO LEMUS

tirant lo blanch

Bogotá D.C., 2024

En caso de erratas y actualizaciones, la Editorial Tirant lo Blanch publicará la pertinente corrección en la página web www.tirant.com.

Rodríguez Tamayo, Mauricio Fernando, autor.
La nueva visión subjetiva del dolo o de la culpa grave en la acción de repetición / Mauricio Fernando Rodríguez Tamayo y María Victoria Castaño Lemus. – Primera edición. – Bogotá: Tirant lo Blanch, 2024.

164 páginas.
Incluye referencias bibliográficas.
ISBN: 978-84-1056-744-3

1. Responsabilidad del Estado. 2. Culpa jurídica. 3 Dolo (Derecho civil). I. Castaño Lemus, María Victoria, autora. II. Título.

LC: KHH3269 CDD: 342.861088 ed. 23

Catalogación en publicación de la Biblioteca Carlos Gaviria Díaz

EDITA: TIRANT LO BLANCH
Calle 11 # 2-16 (Bogotá D.C.)
Telf.: 4660171
Email: tlb@tirant.com
Librería virtual: www.tirant.com/co/
ISBN: 978-84-1056-744-3

Si tiene alguna queja o sugerencia, envíenos un mail a: atencioncliente@tirant.com. En caso de no ser atendida su sugerencia, por favor, lea en www.tirant.net/index.php/empresa/politicas-de-empresa nuestro procedimiento de quejas.
Responsabilidad Social Corporativa: http://www.tirant.net/Docs/RSCTirant.pdf

ÍNDICE

Capítulo 1.
La acción de repetición y su origen en Colombia

Capítulo 2.
Los elementos de la responsabilidad derivada de la acción de repetición

Capítulo 3.
La nueva visión subjetiva del dolo y de culpa grave en la acción de repetición

CAPÍTULO 1.
LA ACCIÓN DE REPETICIÓN Y SU ORIGEN EN COLOMBIA

1. EL FIN DE LA ACCIÓN DE REPETICIÓN

Uno de los aspectos fundamentales de los que se ocupó el Constituyente de 1991 radicó precisamente en la fijación de un régimen especial y autónomo de responsabilidad patrimonial para los servidores públicos que con su conducta dolosa o gravemente culposa causaran un daño antijurídico a un tercero del que fuera obligado a reparar el Estado[1]. En ese sentido, el artículo 90 del texto superior prevé:

> El Estado responderá patrimonialmente por los daños antijurídicos que le sean imputables, causados por la acción o la omisión de las autoridades públicas. En el evento de ser condenado el Estado a la reparación patrimonial de uno de tales daños, que haya sido consecuencia de la conducta dolosa o gravemente culposa de un agente suyo, aquél deberá repetir contra éste.

A partir de la precitada norma constitucional, se consagró un derecho a favor del Estado para que pueda reclamar la reparación patrimonial[2] a un agente o exagente suyo por el pago derivado de una sentencia, conciliación, o de cualquier otra forma de terminación de un conflicto en el que incurrió precisamente para indemnizar un daño antijurídico que aquel causó por cuenta de una conducta dolosa o gravemente culposa. No será entonces ante cualquier comportamiento del agente o exagente estatal que habilitará al Estado para poder reclamar el reintegro, pues solo operará frente a conductas dolosas o gravemente culposas. De este modo, reiteramos que la acción de repetición busca proteger el patrimonio público[3] frente a las conductas dolosas y gravemente culposas de los agentes estatales.

---

1 Consejo de Estado, Sección Tercera, Subsección "A", Sentencia de 8 de mayo de 2023, Expediente 68.250, C. P. José Roberto Sáchica Méndez.

2 Consejo de Estado, Sección Tercera, Subsección "A", Sentencia de 27 de octubre de 2023, Expediente 59.861, C. P. María Adriana Marín.

3 Consejo de Estado, Sección Tercera, Subsección "A", Sentencia de 8 de mayo de 2023, Expediente 66.933, C. P. José Roberto Sáchica Méndez

Al rompe identificamos que el principal fin de la acción de repetición —hoy medio de control— consiste en obtener el reintegro[4] al Estado de aquella suma de dinero —reparación patrimonial— que debió pagar por cuenta de una conducta dolosa o gravemente culposa en la que incurrió el agente o exagente suyo en el ejercicio de sus funciones que fue la causa eficiente de un daño antijurídico. Y esa opción la cristalizó el legislador a través de la creación de un mecanismo procesal autónomo —juicio contencioso administrativo—, en el que en un trámite judicial se debe determinar si se dan o no los supuestos normativos para acceder a esa pretensión.

La Corte Constitucional[5], recientemente, resaltó la finalidad de la repetición al señalar que es:

> (...) el medio judicial idóneo que la Constitución y la ley le otorgan a la Administración Pública para obtener de sus funcionarios o exfuncionarios el reintegro del monto de la indemnización que ha debido reconocer como resultado de una condena de la jurisdicción de lo contencioso administrativo por los daños antijurídicos que haya causado.

Por otro lado, también resulta oportuno determinar que la acción de repetición no persigue fines sancionatorios[6], pues como lo precisó la jurisprudencia[7]

> la acción de repetición no tiene por objeto medular imponer una sanción, sino que ella tiene 'un carácter reparatorio o resarcitorio'. Su objeto consiste en "obtener el reembolso para el erario público de sumas de dinero pagadas como consecuencia del daño antijurídico ocasionado por un servidor estatal.

En este orden de ideas, la acción de repetición no se concibió constitucionalmente para exigir la reparación patrimonial de los agentes estatales ante la ocurrencia de cualquier condena en su contra, sino que su procedencia se condicionó a que se esté en presencia de daños antijurídicos ocasionados a terceros por comportamientos arbitrarios[8] o conductas calificadas como gravemente negligentes, pues si otro fuera el querer del Constituyente este no se hubiera tomado el cuidado de referirse al dolo o a la culpa grave como lo precisó la jurisprudencia[9].

En este orden de ideas, tal como lo veremos más adelante, el Constituyente de 1991 no responsabilizó patrimonialmente a los servidores públicos o particulares

---

4 Corte Constitucional Colombia, Sentencia C-430 de 2000, M. P. Antonio Barrera Carbonell.

5 Corte Constitucional Colombia. Sentencia SU-259 de 2021, M. P. José Fernando Reyes Cuartas.

6 Corte Constitucional Colombia, Sentencia SU-354 de 2020, M. P. Luis Guillermo Guerrero.

7 *Ibidem.*

8 Consejo de Estado, Sección Tercera, sentencia de 13 de noviembre de 2008, exp. 16335 y Corte Constitucional Sentencia SU-259 de 2021, M. P. José Fernando Reyes Cuartas.

9 Sentencia SU-259 de 2021, M. P. José Fernando Reyes Cuartas.

que ejercen funciones públicas, cuando ocasionen daños antijurídicos a terceros por comportamientos descuidados o negligentes, sino ante verdaderas conductas dolosas o gravemente culposas, es decir, frente a actuaciones voluntariamente dirigidas a causar daños o altamente negligentes y significativamente descuidadas.

Es pues el dolo o la culpa grave en el análisis del aspecto subjetivo aquello que se debe probar en el juicio de repetición. En este punto, llama la atención un pronunciamiento del Consejo de Estado[10] que, sobre este particular, sostuvo:

> [e]s evidente entonces, la determinación de una responsabilidad subjetiva, en la que juega un papel decisivo el análisis de la conducta del agente; por ello, no cualquier equivocación, no cualquier error de juicio, no cualquier actuación que desconozca el ordenamiento jurídico, permite deducir su responsabilidad y resulta necesario comprobar la gravedad de la falla en su conducta.

Nótese, que la gravedad es un elemento distintivo y significativo del actuar del agente estatal, pues incluso sobre ese preciso punto recientemente la jurisprudencia[11] aseguró que dicha responsabilidad solo cabe para el demandado siempre "*que se acredite que su intervención en la ocurrencia de daños antijurídicos sea premeditada, negligente o manifiestamente imprudente*".

La Corte Constitucional[12], por su parte, se refirió también a las dimensiones que debe revestir el error o la equivocación para imputar responsabilidad a un agente estatal por el mecanismo de la acción de repetición y, en tal sentido, aseguró:

> [c]omo lo dice la Corte Suprema de Justicia, no cualquier error tiene la potencialidad de comprometer la responsabilidad del agente estatal: sólo aquel que por sus dimensiones no pudo haber sido cometido sino mediante total o crasa negligencia del sujeto que emite el acto, podría ser juzgado con esa calificación.

De este modo, creemos que por fuera de los anteriores supuestos, no resultará posible predicar una eventual responsabilidad en contra de un agente o exagente del Estado por la vía de la repetición. Es este el tema que ocupará principalmente nuestra atención en esta obra y más adelante volveremos sobre el mismo asunto.

---

10 Sección Tercera, Subsección "C", Sentencia de 27 de agosto de 2015, Expediente 48.016, C. P. Jaime Orlando Santofimio Gamboa.

11 Consejo de Estado, Sección Tercera, Subsección "A", Sentencia de 4 de febrero de 2022, expediente 59.395, C. P. José Roberto Sáchica Méndez.

12 Corte Constitucional Colombia. Sentencia C-455 de 2002, M. P. Marco Gerardo Monroy Cabra.

2. EL ORIGEN DE LA ACCIÓN DE REPETICIÓN EN COLOMBIA

La gran influencia de la jurisprudencia francesa fundamenta muchas de nuestras instituciones jurídicas. Para el caso de la acción de repetición, resulta ilustrativa una decisión del Consejo de Estado francés que analizó la responsabilidad que le puede caber a los agentes públicos en el cumplimiento de sus tareas oficiales. Así, encontramos un valioso antecedente que marcó el origen de la acción de repetición, y es el caso del Consejo de Estado As., 28 de julio de 1951, *Laruelle et Delville*. En ese asunto, se estudió la responsabilidad por las faltas del servicio y las faltas personales para precisar que en la primera responde la administración mientras que en la segunda se compromete únicamente al funcionario, con lo cual se abrió paso a la procedencia de la responsabilidad personal de los servidores oficiales desvirtuando de esa forma una especie de inmunidad que hasta ese momento los acompañaba.

En el caso colombiano, inicialmente, por una parte, el artículo 20[13] de la Constitución de 1886 preveía la responsabilidad de los servidores públicos y, por otra parte, los Decretos 150 de 1976, 222 de 1983, 1222 de 1986 y 1333 de 1986 dispusieron en materia contractual disposiciones que se referían a la responsabilidad personal de los agentes estatales. Luego, los artículos 77 y 78 del entonces Código Contencioso Administrativo —Decreto 01 de 1984[14]—, contenían reglas de la responsabilidad de los agentes oficiales cuando incurrieran en conductas dolosas o gravemente culposas.

Más tarde, el artículo 90 de la Constitución de 1991 se ocupó de regular este sistema especial de responsabilidad patrimonial de los servidores públicos, lo que vino acompañado de las Leyes 80 de 1993 —artículo 54—, 270 de 1996 —artículos 71 y 72—, 678 de 2001, 1437 de 2011 y recientemente con la Ley 2195 de 2022.

En este orden de ideas, resulta claro que para el Estado ha sido de vital interés consagrar un régimen normativo especial que se ocupe de establecer bajo qué supuestos sus agentes pueden responder patrimonialmente cuando con sus comportamientos causen daños antijurídicos a terceros que deban ser reparados por la institucionalidad.

[13] Artículo 20. Los particulares no son responsables ante las autoridades sino por infracción de la Constitución o de las leyes. Los funcionarios públicos lo son por la misma causa y por extralimitación de funciones, o por omisión en el ejercicio de éstas.

[14] Consejo de Estado, Sección Tercera, Sentencia de 4 de diciembre de 2006, Expediente 21.038, C. P. Mauricio Fajardo Gómez.

CAPITULO 2.
LOS ELEMENTOS DE LA RESPONSABILIDAD DERIVADA DE LA ACCIÓN DE REPETICIÓN

1. LOS ELEMENTOS DE LA RESPONSABILIDAD DERIVADA DE LA ACCIÓN DE REPETICIÓN

La ley y la jurisprudencia se han encargado de establecer cuáles son los elementos concurrentes que deben reunirse para que resulte procedente la declaratoria de responsabilidad en virtud de un juicio contencioso administrativo de repetición en contra de un agente o exagente estatal atendiendo los preceptos dispuestos en el artículo 90 de la Constitución de 1991 y en el artículo 2 de la Ley 678 de 2001. La Corte Constitucional[1] se refirió recientemente a tales requisitos y sostuvo lo siguiente:

> La prosperidad de la acción de repetición depende, según lo ha sostenido este tribunal y el Consejo de Estado de la acreditación de cuatro elementos: tres objetivos y uno subjetivo. En este tipo de casos deberá acreditarse i) la existencia de una condena judicial o de un acuerdo conciliatorio que impuso a la entidad estatal demandante el pago de una suma de dinero; ii) la realización del pago; iii) la calidad del demandado como agente o ex agente del Estado; y iv) una actuación dolosa o gravemente culposa.

De este modo, para que resulte procedente el medio de control de repetición, deben concurrir y probarse los tres elementos objetivos y el cuarto subjetivo, esto es a) la existencia de una condena judicial o un acuerdo conciliatorio o cualquier otra forma de terminación de un conflicto que impuso a una entidad estatal demandante el pago de una suma de dinero; b) la realización del pago; c) la calidad del demandado de agente o exagente del Estado y d) una actuación dolosa o gravemente culposa relacionadas directamente con la obligación de pago del Estado[2]. Procederemos entonces a estudiar cada uno de esos requisitos.

---

1 Corte Constitucional Colombia. Sentencia SU-259 de 2021, M. P. José Fernando Reyes Cuartas.

2 Consejo de Estado, Sección Tercera, Subsección "A", Sentencia de 4 de febrero de 2022, expediente 59.395, C. P. José Roberto Sáchica Méndez.

1.1. LA EXISTENCIA DE UNA OBLIGACIÓN A CARGO DEL ESTADO PRODUCTO DE UNA CONDENA JUDICIAL, UNA CONCILIACIÓN O CUALQUIER OTRA FORMA DE TERMINACIÓN DE UN CONFLICTO

Ya habíamos anotado que la acción de repetición persigue fines reparatorios[3] para lograr el reintegro al Estado de una suma de dinero que este pagó por cuenta de una decisión judicial condenatoria o de un acuerdo conciliatorio o cualquier otra forma de terminación de un conflicto como consecuencia de un daño antijurídico ocasionado por el agente o exagente oficial a un tercero. De este modo, es importante precisar la naturaleza jurídica o la fuente de la obligación de esa prestación económica pues deberá serlo o una decisión judicial condenatoria o un acuerdo conciliatorio o cualquier otra forma de terminación de un conflicto bajo el anterior contexto.

Así, tratándose de la obligación de pagar una suma de dinero producto de una condena judicial, una conciliación o cualquier otra forma de terminación de un conflicto, la misma debe tener su origen necesariamente en el marco de un proceso judicial, un trámite conciliatorio o en mecanismo de terminación de un conflicto (transacción, amigable composición o arbitraje[4]) en el que se declaró, se aceptó, se concilió o se transó la responsabilidad patrimonial del Estado por cuenta del comportamiento de un agente o exagente oficial suyo que fue quien ocasionó un daño antijurídico a un tercero. Y esa condena, reiteramos, debe ser necesariamente el producto de la causación de un daño antijurídico que se la haya ocasionado a un tercero, pues si carece de ese origen no será posible reclamar su pago por la vía de la repetición. Por el contrario, si se trata de un mero restablecimiento[5], devolución, pago de una prestación, o restitución de un valor, que se hubiera pagado indebidamente al Estado o de la imposición de una multa por un desacato no se

---

3 Consejo de Estado, Sección Tercera, Subsección "A", Sentencia 4 de febrero de 2022, Expediente 59.904, C. P. José Roberto Sáchica Méndez.

4 Consejo de Estado, Sección Tercera, Subsección "A", Sentencia 1 de febrero de 2018, Expediente 50.453A, C. P. Marta Nubia Velásquez Rico.

5 La jurisprudencia, en ese sentido, aseguró: "*Así, corresponde al juez administrativo el deber de verificar que la decisión judicial base de la repetición objetivamente imponga un detrimento patrimonial a la entidad pública, por manera que las órdenes que se escapen de dicha declaración, como lo son las que impongan un mero restablecimiento del derecho sin afectación económica, una devolución y/o restitución, no constituyen supuestos que la habiliten para interponer un medio de control de repetición, puesto que se generaría un enriquecimiento sin justa causa a favor del Estado*". Consejo de Estado, Sección Tercera, Subsección "A", Sentencia de 4 de marzo de 2022, Expediente 64.853, C. P. María Adriana Marín.

tendrá por satisfecho este requisito[6]. El Consejo de Estado[7], sobre este aspecto, aseguró lo siguiente:

> Así, pues, la acción de repetición se define como el medio judicial que la Constitución y la ley le otorgan a la Administración Pública para obtener de sus funcionarios o exfuncionarios -que hubieran actuado con dolo o culpa grave- el resarcimiento o reintegro del monto de la indemnización que la primera ha debido reconocer a quien, como resultado de una condena de la jurisdicción de lo contencioso administrativo, tiene a su haber el derecho de ser indemnizado por los daños antijurídicos que se le hubieren causado.

Ahora bien, si el origen de la condena judicial, conciliación u otro mecanismo de terminación del conflicto no proviene de una indemnización pagada a un tercero que sufrió un daño antijurídico[8], no se tendrá por satisfecho este primer requisito, tal como lo aseguró recientemente el Consejo de Estado[9] cuando sostuvo lo siguiente:

> Ahora bien, resulta necesario precisar que la referida multa no constituye una condena judicial en los términos del artículo 90 de la C.P. y de la Ley 678 de 2001, en virtud de la cual se hubiera configurado un daño patrimonial al municipio de Duitama, pues la sanción impuesta resultó consecuencia del incumplimiento por parte de este de una orden judicial y no como una indemnización a un tercero derivada de un daño antijurídico.

De este modo, la erogación en la que incurrió el Estado debe tener una relación real, directa y próxima con un comportamiento de un agente o exagente estatal que causó un daño antijurídico a un tercero por el cual se declaró la responsabilidad patrimonial oficial. Es pues ese pago el que luego fundamentará la pretensión económica del medio de control de repetición. En ese sentido, la jurisprudencia[10] precisó:

> El primer presupuesto para que haya lugar a la procedencia de este medio de control consiste en que el Estado se haya visto compelido a la reparación de un daño antijurídico, por virtud de un fallo condenatorio, de una conciliación debidamente aprobada en sede judicial o haya dado reconocimiento indemnizatorio por virtud de otra forma de terminación de un conflicto, tal y como prevé el artículo 2° de la Ley 678 de 2001. Circunstancia que está acreditada en el plenario.

---

6 *Ibidem.*

7 *Ibidem.*

8 Consejo de Estado, Sección Tercera, Subsección "B", Sentencia de 22 de abril de 2022, expediente 60.131, C. P. José Roberto Sáchica Méndez.

9 Consejo de Estado, Sección Tercera, Subsección "A", Sentencia 4 de febrero de 2022, Expediente 59.904, C. P. José Roberto Sáchica Méndez.

10 Consejo de Estado, Sección Tercera, Subsección "B", Sentencia de 29 de mayo de 2014, expediente 40.755, C. P. Ramiro Pazos Guerrero.

Por otro lado, cuando la condena se sustenta en una sentencia o laudo arbitral que pone fin a una controversia que declara la responsabilidad patrimonial del Estado porque se causó un daño antijurídico[11] a un tercero el asunto se torna ciertamente claro a efectos del cumplimiento de este primer elemento de procedencia de la repetición. No sucede lo mismo frente a la conciliación o la transacción, pues aquí media la voluntad de la entidad convocada de aceptar esa responsabilidad lo que plantea una problemática adicional frente al futuro demandado en el juicio de repetición —agente o exagente estatal—, pues él no participó ni mucho menos consintió en el acto conciliatorio o transaccional y ello trae consigo una reducción significativa del estándar de certeza que le es propio a una decisión emanada de un juez que resuelve al final sobre la responsabilidad del Estado. De este modo, no resulta razonable que el agente o exagente resulte totalmente vinculado jurídicamente a un reconocimiento o aceptación de responsabilidad que hizo directamente la entidad para lo cual presta o prestó sus servicios o que en su nombre ejerció funciones públicas. Y mucho menos lo será si el agente o exagente estatal no fue vinculado dentro de los trámites y actuaciones desplegadas por el Estado para aceptar y reconocer una responsabilidad total o parcial en un asunto determinado.

La premisa anterior nos permite entonces preguntarnos qué efectos jurídicos tendrá en el plano procesal la demanda de repetición que se edifica sobre el pago de una condena judicial frente a aquel que proviene de un acuerdo conciliatorio o transaccional. Creemos que el efecto práctico no será otro que el mérito probatorio que le dará el juez administrativo en el juicio de repetición será diferente a partir del soporte sobre el cual se estructura el derecho económico a reclamar según sea se trate de una providencia judicial, un acta de conciliación o un acuerdo transaccional. Ahora, si bien es cierto que en la conciliación administrativa se requiere de la intervención judicial para su aprobación, no es menos cierto que ese acto procesal no se asimila a una sentencia definitiva.

De otra parte, creemos que el reconocimiento de responsabilidad que haga el Estado en el marco de una conciliación o de una transacción no será del todo vinculante jurídicamente en sede de repetición para el agente o exagente esta-

---

[11] El Consejo de Estado, recientemente, señaló que el daño antijurídico es: "*(...) es la lesión injustificada a un interés protegido por el ordenamiento. En otras palabras, es toda afectación que no está amparada por la ley o el derecho, que contraría el orden legal40 o que está desprovista de una causa que la justifique, resultando que se produce sin derecho al contrastar con las normas del ordenamiento y, contra derecho, al lesionar una situación reconocida o protegida42, violando de manera directa el principio alterum non laedere, en tanto resulta contrario al ordenamiento jurídico dañar a otro sin repararlo por el desvalor patrimonial que sufre*". Sección Tercera, Subsección "C", Sentencia de 13 de abril de 2023, Expediente 67.890, C. P. Nicolás Yepes Corrales.

tal —como sí ocurre con una sentencia—, en cuyo caso el Estado tendrá que probar en efecto que esa responsabilidad efectivamente le era predicable a dicho agente. Es así como, la voluntad de conciliar o transar una controversia por parte de una entidad estatal no puede en ninguna circunstancia colocar en desventaja jurídica al futuro demandado en una acción de repetición, lo que implica que cuando el Estado procede de esa forma asume en cierta forma un mayor riesgo a la hora de acreditar este primer elemento de la responsabilidad que prevé la Ley 678 de 2001. Sostener lo contrario sería tanto como autorizar implícitamente a las entidades estatales para que pudieran reconocer actos de responsabilidad por comportamientos desplegados por sus agentes o exagentes sin contar previamente con su concurso o voluntad.

Por último, resulta de altísimo interés resaltar una reciente postura del Consejo de Estado[12] en la que se concluyó que las sumas de dinero que se ordenan pagar con base en la anulación de un acto administrativo en virtud del medio de control de nulidad y restablecimiento del derecho no son en todos los casos una condena judicial derivada de la causación de un daño antijurídico a un tercero y, por lo tanto, no son susceptibles de ser reclamados por la vía de la acción de repetición. En tal sentido, se aseguró lo siguiente:

> 20. En ese contexto, es dable evidenciar que el restablecimiento del derecho antes referido no impuso el pago de una condena indemnizatoria, en virtud de la cual se hubiera configurado un daño patrimonial al IDU, pues es claro que la orden judicial impartida en el fallo de la referencia consistió en restablecer la situación jurídica afectada con el acto administrativo y, por esta vía, devolver la suma de dinero que había sido pagada por el contratista (...), en razón a la multa impuesta mediante las resoluciones 1181 de 22 de abril de 2008 y 2525 de 1° de agosto de 2008, cuya nulidad fue declarada por el juez de la causa.
>
> 21. Bajo dicha óptica, se impone concluir para el caso concreto, que no resulta procedente exigirles a los demandados que asuman el pago del dinero equivalente a seiscientos setenta y cuatro millones doscientos cuatro mil treinta y siete pesos ($674'204.037), toda vez que, como se vio, tal pago no se proyecta como una afectación patrimonial contra el Estado, en virtud de la cual se pueda adelantar la demanda de repetición.
>
> Así las cosas, la Sala estima que el medio de control de repetición en el presente caso resulta abiertamente improcedente, comoquiera que no se cumple con uno de los supuestos de la misma, cual es el de la imposición y pago de una condena en contra de la Administración Pública de carácter indemnizatorio.

---

12 Sección Tercera, Subsección "A", Sentencia de 8 de mayo de 2023, Expediente 68.250, C. P. José Roberto Sáchica Méndez.

1.2. LA REALIZACIÓN DEL PAGO

El segundo requisito objetivo para la procedencia de la acción de repetición concierne con la acreditación y prueba efectiva del pago efectuado por el Estado a la víctima del daño antijurídico por el comportamiento doloso o gravemente culposo del agente o exagente estatal cuya fuente se encuentra en una providencia judicial, conciliación u otro mecanismo de terminación del conflicto.

La pretensión de regreso —denominada así por la Corte Constitucional[13]— se sustenta entonces en el derecho que tiene el Estado de recuperar aquello que pagó por cuenta de un daño antijurídico que se le causó a un tercero motivo por el cual resulta indispensable que la entidad estatal demandante pruebe que dicha carga económica fue satisfecha o atendida en su integridad. En este orden de ideas, la entidad demandante deberá llegar con la demanda la totalidad de los documentos que den cuenta del pago que efectuó a la víctima de un daño antijurídico.

Una última reflexión debemos efectuar en torno al entendimiento que debemos darle a las previsiones del numeral 5 del artículo 161 y el literal[14] l) del numeral 2 del artículo 164 de la Ley 1437 de 2011, pues por un lado, como requisito para demandar, se exige la acreditación de que el pago se haya realizado previamente y, por otro lado, la segunda norma procesal, dispone que la caducidad se contará desde el día siguiente de la fecha del pago, o, a más tardar desde el vencimiento del plazo con que cuenta la administración para el pago de condenas de conformidad con lo previsto en dicho código. Una primera lectura de ambas disposiciones procesales podría llevarnos a concluir que la demanda de repetición puede presentarse aún sin que se acredite que la entidad demandante, previamente, pagó una indemnización por cuenta de una condena dictada en su contra por la ocurrencia de un daño antijurídico ocasionado a un tercero por la conducta dolosa o gravemente culposa de un agente estatal. La conclusión anterior podría extraerse de la lectura del literal l) del numeral 2 del artículo 164 de la Ley 1437 de 2011.

Ahora bien, creemos entonces que estamos en presencia de una típica antinomia entre aquello que prevé el numeral 5 del artículo 161 y lo dispuesto en el literal l) del numeral 2 del artículo 164 de la Ley 1437 de 2011, dificultad que se puede superar fácilmente acudiendo al criterio de especialidad[15] establecido en las Leyes 57 y 153 de 1887 (*lex specialis derogat generali*) en la medida en que la norma procesal que determina qué requisitos se deben agotar previamente para

---

13 Corte Constitucional Colombia. Sentencia SU-354 de 2020, M. P. Luis Guillermo Guerrero.

14 Literal modificado por el artículo 45 de la Ley 2195 de 2022.

15 Corte Constitucional Colombia, Sentencias C-451 de 2015 y C-439 de 2016.

presentar una demanda de repetición es aquella que se halla prevista en el numeral 5 del artículo 161 de la Ley 1437 de 2011, a diferencia de la segunda que regula un aspecto general, relacionado con el término de caducidad del medio de control de repetición, esto es la dispuesta en el literal l) del numeral del artículo 164 del mismo estatuto procesal. De este modo, una entidad estatal para presentar una demanda en virtud de la acción de reintegro deberá acreditar que pagó previamente en virtud de una condena judicial.

1.3. LA CALIDAD DEL DEMANDADO DE AGENTE O EXAGENTE DEL ESTADO O DE UN PARTICULAR QUE EJERZA FUNCIONES PÚBLICAS

La calidad del agente estatal es una condición calificada que la Ley 678 de 2001 exige como requisito indispensable para la procedencia de la acción de repetición, pues ese atributo se predica de los servidores públicos o exservidores y de los particulares solo cuando ejercen funciones públicas. De este modo, el daño antijurídico que le resulta imputable al Estado como eje central sobre el cual gravita la declaratoria de responsabilidad patrimonial debe provenir de una conducta de acción o de omisión atribuible a un servidor público o a un particular habilitado para ejercer funciones públicas quien a su vez debe ser quien participó en la expedición del acto o en la acción u omisión dañina que ocasionó la responsabilidad del Estado.

Tratándose de servidores públicos la prueba de dicha calidad será esencial y esa condición se acreditará con el acto administrativo de nombramiento, designación o elección o el documento que demuestre su vínculo con el Estado junto con el acta de posesión respectiva, según sea el caso. Este aspecto es fundamental para luego probar que en ejercicio de funciones públicas o con ocasión de ellas fue que causó un daño antijurídico a un tercero.

Y para el caso de los particulares, deberá entonces probarse que en efecto ejercían funciones públicas para el momento en que participaron en la conducta que generó la condena en contra del Estado. Adicionalmente, la entidad demandante en el trámite judicial de la acción de repetición, deberá acreditar que el particular contaba con un título jurídico que lo habilitaba para desempeñar funciones públicas o administrativas, de acuerdo con las reglas fijadas por la Corte Constitucional[16], sin que dicho requerimiento se satisfaga simplemente, por ejemplo, con el aporte de un contrato estatal, pues tal y como lo precisó el Consejo de Estado[17] la

16 Corte Constitucional Colombia. Sentencias C-702 de 1999, M. P. Fabio Morón Díaz y C-866 de 1999, M. P. Vladimiro Naranjo Mesa.

17 Sección Tercera, Subsección "A", Sentencia de 6 de diciembre de 2016, Expediente 55.703, C. P. Carlos Alberto Zambrano Barrera.

celebración de dicho negocio jurídico no le transfiere automáticamente el ejercicio de dichas tareas a los particulares. Veamos:

> (...) Solo cuando, en virtud del contrato estatal, la entidad pública confíe al particular el ejercicio transitorio de funciones públicas, éste será potencial sujeto de la acción de repetición o del llamamiento en garantía con fines de repetición, pues es, precisamente, con ocasión del ejercicio de esas funciones oficiales de carácter temporal que el contratista puede ocasionar daños antijurídicos por los cuales, eventualmente, puede comprometer la responsabilidad del Estado y, por ende, debe asumir las mismas responsabilidades que los servidores públicos, de modo que, la acción de repetición tiene lugar, cuando ese daño está precedido de la conducta dolosa o gravemente culposa de ese particular.
>
> Contrario sensu, cuando el particular contratista no cumple funciones públicas de manera transitoria, acorde con el marco contemplado por la Constitución y la ley, no puede ser sujeto de la acción de repetición o del llamamiento en garantía regulado por los artículos 2 y 19 de la ley 678 de 2001, pues su actuación no estaría precedida en ese caso de las prerrogativas temporales del poder público y, por consiguiente, no sería responsable en la forma en que lo son los servidores públicos, en los términos de los artículos 90, 123 y 124 de la Constitución Política que es, exactamente, el presupuesto ineludible de la repetición, esto es, que el agente o ex agente del Estado y el particular investido del ejercicio transitorio de funciones públicas haya dado lugar a que la entidad estatal realice un reconocimiento indemnizatorio por la conducta dolosa o gravemente culposa de aquél.
>
> Así, pues, cuando se trate de llamamiento en garantía con fines de repetición respecto de contratistas del Estado, el juez deberá analizar, en cada caso, si el llamado ejercía transitoriamente funciones propias de este último, según los criterios fijados por la Corte Constitucional[18] y por esta Corporación[19].

De este modo, el juez administrativo debe ser cuidadoso a la hora de estudiar la calidad del particular a quien se le atribuyó la causación de un daño antijurídico que indemnizó el Estado, pues solo sí se prueba que ejercía funciones públicas legalmente asignadas será posible tener por satisfecho dicho requisito.

En este orden de ideas, para que sea procedente la acción de repetición en contra de particulares, la entidad estatal demandante deberá acreditar debidamente ante el juez, por un lado, que ese particular, en efecto, se encontraba autorizado para ejercer funciones públicas o administrativas en virtud de cualquier título habilitante previsto en la Constitución o en la ley —como es el caso, por ejemplo, de las cámaras de comercio, los interventores o de los curadores urbanos— y, por otro lado, que en dicha condición y bajo ese exclusivo contexto, es decir, por cuenta

---

18 Ver, entre otras providencias: Corte Constitucional, Sentencia C-037 de 2003. Cita de la providencia.

19 Ver, entre otras providencias: Consejo de Estado, Sala de lo Contencioso Administrativo, Sección Tercera, Subsección "A", sentencia del 3 de octubre de 2012, exp. 26.140. Cita de la providencia.

del ejercicio de funciones administrativas, fue que ocurrió el comportamiento a él atribuible que a su vez fue la causa directa del daño antijurídico por el que fue condenado a pagar una condena económica.

No es pues la simple condición de asesor o de contratista de una entidad estatal la que se debe acreditar en un proceso de repetición para que un particular pueda ser llamado a responder, pues si no se prueba o el ejercicio de funciones administrativas legalmente atribuida a aquel o que al amparo de tales potestades fue que se ocasionó el daño antijurídico, las pretensiones de reintegro estarán llamadas al fracaso por la ausencia de este elemental requisito. De este modo, un asesor jurídico de una entidad en asuntos contractuales o un consultor en una elaboración de diseños para una futura obra, no por ese solo hecho pueden responder en sede del proceso de repetición, pues esas labores no lo hacen titulares del ejercicio de funciones públicas. La jurisprudencia de la Comisión Nacional de Disciplina Judicial[20], por su parte, recientemente, precisó en qué casos los particulares ejercen funciones administrativas y, en tal sentido, advirtió lo siguiente:

> Esa posición privilegiada del contratista particular debe estar necesariamente asociada al ejercicio de actos propios de una autoridad estatal como podría ser, por ejemplo, la facultad para tramitar actuaciones administrativas, ejercer la vigilancia de los contratos de los contratos estatales —actividad típicamente estatal— o de administrar o recaudar bienes o caudales públicos, cuando precisó que «[l]a función pública se manifiesta, a través de otros mecanismos que requieren de las potestades públicas y que significan, en general, ejercicio de la autoridad inherente del Estado».
>
> Ahora bien, a partir de las normas constitucionales, legales y la jurisprudencia referida, la doctrina reiteró que «sólo existen dos instrumentos jurídicos para habilitar a un particular para desarrollar tales funciones oficiales, esto es, o la ley o el convenio en los términos de la Ley 489 de 1998. Por fuera de esos dos casos, resulta imposible predicar el ejercicio de tales funciones en manos de los particulares, pues se trata de una materia reservada a la ley».

El Consejo de Estado[21], por su parte, también llamó la atención sobre este requisito dispuesto en la Ley 678 de 2001 y, en tal sentido, precisó lo siguiente:

> 21. En virtud de lo anterior, ejercen funciones públicas aquellos que ostentan la calidad de servidor público, esto es, los miembros de las corporaciones públicas, los empleados y trabajadores del Estado, así como de sus entidades descentralizadas territorialmente y por servicios, e inclusive, los particulares cuando les son conferidas por la Ley. Para el efecto, la Ley 489 de 1998, en su artículo 110, estableció las condiciones en las que un particular puede desempeñar funciones

20 Comisión Nacional de Disciplina Judicial. Sentencia del 1 de marzo de 2023, 680011102000 2018 00899, M. P. Mauricio Fernando Rodríguez Tamayo.

21 Sección Tercera, Subsección "A", Sentencia de 8 de mayo de 2023, Expediente 61.860, C. P. José Roberto Sáchica Méndez.

> públicas, entre las que señaló que dichas atribuciones deben estar siempre precedidas de un acto administrativo y acompañadas de un convenio que deberán elaborarse de conformidad con lo previsto en el artículo 111 de la misma norma.
> 22. Bajo ese contexto, en el marco de un proceso de repetición, la calidad de agente de estado o de particular con funciones públicas no puede ser soportada con la mera verificación o argumentación de que el demandado se encontraba prestando un servicio público, pues, como ya se expuso, el ejercicio de dicha actividad no equivale a que la persona ostente la calidad de servidor público o de particular con funciones públicas. Por ello, tal aptitud debe ser probada por la parte demandante allegando los actos administrativos que soporten la vinculación de la persona con el ente estatal, para así acreditar el cumplimiento del tercer presupuesto que se exige frente a la calidad de la parte pasiva en el presente medio de control.

Así las cosas, esa condición especial del particular debe quedar probada en el proceso judicial, pues de lo contrario faltará este esencial requisito para la procedencia de la acción de repetición en contra de los particulares. Por otro lado, cuando una entidad estatal pretenda repetir en contra de un excontratista por la ocurrencia de daño patrimonial que debió indemnizar, deberá ser cuidadoso en tal proceder pues tal y como lo señaló recientemente el Consejo de Estado[22], si para el momento en que se produce la liquidación del contrato estatal del cual se fundamenta la presunta responsabilidad del particular contratista por incumplir cualquiera de sus obligaciones, será indispensable que la administración haya dejado expresamente la salvedad de ese hecho si para ese mismo momento ya conocía de la existencia del proceso judicial en el que se pedía la declaratoria de responsabilidad estatal por la acción u omisión del contratista so pena de perder el derecho a repetir por ese mismo motivo.

Finalmente, existen particulares que pueden causar daños antijurídicos en ejercicio de funciones públicas y no propiamente administrativas, como sería el caso de los árbitros o de los otros particulares que administran justicia, en cuyo caso se deberán aportar los documentos que lo habilitan para desarrollar esas tareas y por supuesto el régimen normativo que le atribuye esa función.

1.4. UNA ACTUACIÓN DOLOSA O GRAVEMENTE CULPOSA RELACIONADA DIRECTAMENTE CON LA OBLIGACIÓN DE PAGO DEL ESTADO

Es el requisito subjetivo realmente significativo para la procedencia de la acción de repetición, pues exige una labor compleja por parte del juez administrativo quien debe proteger el patrimonio público, pero a su vez debe otorgar garantías

---

22 Sección Tercera, Subsección "A", Sentencia de 27 de octubre de 2023, Expediente 59.861, C. P. María Adriana Marín.

reales de defensa a aquellas personas que concurren a prestar sus servicios al Estado con el fin de apoyar y alcanzar los fines constitucionales.

El desafío para el juez a la hora de revisar este requisito subjetivo es mayor en la medida en que no debe contaminarse de las razones y fundamentos que se tuvieron en cuenta para declarar la responsabilidad patrimonial del Estado por la generación de un daño antijurídico a un tercero. En ese sentido, la jurisprudencia[23] aseguró con total acierto:

> En atención a dicho carácter subjetivo de la acción de repetición, esta Corporación estima necesario resaltar que los jueces de lo contencioso administrativo, en cumplimiento de lo dispuesto en el artículo 29 superior, deben asegurar el respeto del derecho al debido proceso de los agentes del Estado que sean sometidos a una causa de repetición, por lo que están en la obligación de evitar que los análisis construidos para enjuiciar la responsabilidad patrimonial del Estado sean simplemente extrapolados al examen de la responsabilidad patrimonial de los agentes de la administración.

Es pues el juicio de responsabilidad patrimonial del Estado en el que intervino el agente o exagente oficial diferente a aquel que se debe surtir en el marco de la acción de repetición pues aquellas razones que sustentan el primero no pueden ser la mismas que fundan el segundo.

El juez de la repetición le corresponde entonces adentrarse en las condiciones de modo, tiempo y lugar en las que se produjo la participación del agente estatal para determinar si fue con ocasión a su intervención real, directa y próxima, cometida con dolo o con culpa grave, que se produjo un daño antijurídico a un tercero que debió indemnizar el Estado. De este modo, el raciocinio del juez debe llevarlo al convencimiento total de que fue ese actuar del agente estatal el que originó la condena en contra del Estado, pues si advierte que fueron otras las causas, no se tendrá por satisfecho este importante elemento para configurar la responsabilidad del servidor oficial.

De otra parte, el análisis del nexo causal del comportamiento del agente estatal como fuente de su eventual responsabilidad, en el juicio de repetición, debe efectuarse necesariamente frente al marco fáctico sobre el cual se edificó la declaratoria de responsabilidad estatal por la ocurrencia de un daño antijurídico a un tercero para luego establecer si en efecto fue ese actuar del servidor o exservidor público la causa eficiente, única y directa de ese daño.

Por otro lado, si existe hoy en día un asunto que causa preocupación en los servidores públicos, en el ejercicio de sus funciones, radica precisamente en las posibles consecuencias patrimoniales que se puedan derivar en su contra por cuenta

23 Corte Constitucional. Sentencia SU-354 de 2022, M. P. Luis Guillermo Guerrero.

de aquellos daños antijurídicos que con su conducta —acción u omisión— puedan generar una declaratoria de responsabilidad en contra del Estado.

La responsabilidad patrimonial que entroniza la acción de repetición no solo tiene efectos disuasivos, sino que propende salvaguardar las finanzas públicas, pero ello en forma alguna puede implicar una restricción o eliminación de los derechos y garantías de los servidores públicos o exservidores públicos, pues con dicho instrumento procesal al final se efectúa un verdadero juicio de valoración de una conducta humana. De este modo, resaltamos un importante pronunciamiento jurisprudencial reciente de la Corte Constitucional[24] cuando aseguró lo siguiente:

> De esta manera debe la Corte en esta ocasión enfatizar en que, si bien se trata de una acción con la finalidad especifica de reintegrar al patrimonio del Estado lo pagado, ello no conspira con la necesidad de analizar toda la temática que gira a su alrededor con la lupa de tratarse del análisis de una conducta humana reprochable. En esa medida todos los principios que se despliegan en un análisis de conducta son necesaria e imprescindiblemente aplicables. De no ser así, no se hubiera tomado el trabajo el constituyente originario de exigir dolo o culpa grave en el artículo 90 superior. De suerte que impera observar, caso a caso, si la persona de quien se predica la posible responsabilidad, conocía los hechos que realizaba y quería su realización, o dicho de otro modo, actuó con conciencia y voluntad de realizar una conducta, la cual a su vez trasgrede el catálogo funcional que juró cumplir (art 122.2 C.Pol.) al asumir el cargo. Igualmente es posible que esa responsabilidad se predique, no ya por la comparecencia de dolo, sino porque se ha actuado de manera contraria a las normas objetivas de cuidado en el ejercicio de la función concernida en cada caso.

De este modo, es con ocasión al análisis del aspecto subjetivo que se deben activar las garantías convencionales y constitucionales a favor de los agentes o exagentes estatales en el marco del juicio de repetición, pues se debe acreditar probatoriamente que se está en presencia de una conducta dolosa o gravemente culposa.

Las entidades estatales asumen entonces una carga especial a la hora de acudir ante el juez administrativo por la vía de la repetición, pues deben identificar y calificar concretamente cuál es y cómo se desplegó ese comportamiento doloso o gravemente culposo por parte del agente oficial, dado que se trata de un requisito esencial para la procedencia de dicho medio de control. El Consejo de Estado[25], recientemente, así lo señaló cuando aseguró lo siguiente:

> (...) Ciertamente, no debe olvidarse que, a diferencia de los juzgamientos de la responsabilidad del Estado, el campo de la falla personal de un agente

---

[24] Corte Constitucional Colombia. Sentencia SU-259 de 2021, M. P. José Fernando Reyes Cuartas.

[25] Sección Tercera, Subsección "A", Sentencia de 23 de mayo de 2023, Expediente 67.016, C. P. José Roberto Sáchica Méndez.

> exige como requisitos para su prosperidad, la identificación clara y precisa de la conducta propia, personal y directa susceptible de los cargos de culpa grave o dolo, sin perjuicio del evidente onus probandi que permanece a cargo de la parte demandante en torno al deber de acreditar la conducta misma y su connotación irregular; mas aún, cuando es un deber convencional para el Ejército Nacional hacer un debido uso del medio de control de repetición con la rigurosidad que la formalidad demanda y con la suficiencia que la sustancialidad de la figura exige y no con una escueta imputación de quien señala como responsables de hechos graves como el homicidio colectivo y secuestro de más de 100 miembros del Ejército, que tuvo lugar los días (...), a manos de integrantes de las (...).

Ahora bien, se reitera, no es por cualquier actuación que se puede llamar procesalmente a responder a un agente o exagente estatal por la vía de la acción de repetición, pues será menester que se trate de una conducta que se califique como dolosa o gravemente culposa[26].

Desde otra óptica, sí que resulta sumamente importante que el juez de la repetición sea cuidadoso al momento de dictar sentencia para no sorprender al demandado con valoraciones que no fueron puestas de presente por la entidad demandante en la respectiva demanda en la medida en que no le estará permitido modificar a *motu proprio* la imputación subjetiva seleccionada inicialmente —dolo o culpa grave— o variar la presunción o supuesto bajo el cual se activó el medio de control de repetición. El Consejo de Estado[27], con acierto, recientemente advirtió:

> En el llamamiento en garantía no se alegó algunas de las =presunciones= de dolo o culpa grave previstas en la ley 678 de 2001. La entidad que hace el llamamiento en garantía con fines de repetición tiene la carga de alegar que los hechos configuran una de esas hipótesis. Carga que no puede suplir el juez de la Administración, pues estaría modificando las pretensiones. Si se hiciera en el fallo –y de segunda instancia– oficiosamente, se sorprendería al llamado en garantía, y se imposibilitaría su debida defensa (art. 29 CN).

En este orden de ideas, el camino que debe recorrer el juez de la repetición a la hora de valorar el aspecto subjetivo dentro de dicho medio de control deberá ser el mismo que le fue fijado inicialmente por la entidad estatal actora en la respectiva demanda[28], quedándole prohibido a la autoridad judicial modificar la pretensión

---

26 Consejo de Estado, Sección Tercera, Subsección "A", Sentencia de 18 de marzo de 2022, Expediente 60.241, C. P. José Roberto Sáchica Méndez y Corte Constitucional, Sentencia SU-259 de 2021, M. P. José Fernando Reyes Cuartas

27 Sección Tercera, Subsección "C", Sentencia de 8 de agosto de 2023, Expediente 51.428, C. P. Guillermo Sánchez Luque.

28 Sobre este punto, el Consejo de Estado, aseguró: *"En ese sentido, resulta oportuno reiterar que el organismo que ejercita la acción de repetición debe exponer, de manera precisa, el cargo en el que sustenta la pretensión de reembolso contra el agente estatal, pues,*

procesal de reintegro, en el componente subjetivo —principio de congruencia—. La judicatura no será entonces la llamada a suplir las deficiencias que adolezca la demanda en este sentido, ni mucho menos deberá asumir una carga procesal que recae exclusivamente en la entidad estatal titular del derecho a reclamar por la vía de la acción de repetición.

La pretensión procesal en la acción de repetición exige que la entidad demandante determine con claridad bajo qué imputación subjetiva llamará al agente o exagente oficial a un proceso judicial de esa naturaleza —dolo o culpa grave— y esa escogencia marcará el alcance del ejercicio del derecho de defensa por parte del demandado[29]. Cualquier decisión judicial que supere o modifique ese límite fáctico o jurídico fijado con plena libertad por la entidad estatal actora a la hora de demandar, será violatoria del derecho de defensa del demandado tal como con claridad y contundencia lo concluyó el Consejo de Estado[30]. Adicionalmente, tampoco resulta procedente que la entidad demandante pretenda modificar el alcance de lo pedido en la demanda de repetición, por fuera de las oportunidades previstas en la legislación procesal, tal como lo precisó el Consejo de Estado[31] cuando sostuvo lo siguiente:

> Bajo ese escenario, la Sala estima que pronunciarse sobre el argumento planteado en el recurso de apelación, este es, que los demandados desplegaron una conducta pasible de calificarse como dolosa o gravemente culposa, en la medida en que sin justificación alguna consignaron los dineros destinados para el pago de las nóminas de los empleados de la gobernación a la (...), se proyecta como una afrenta al debido proceso y derecho de defensa de los accionados, lo que de paso desconocería los límites de su competencia para resolver el recurso de alzada, pues tal medio de impugnación no es una instancia para mejorar la demanda o para reforzarla con hechos nuevos, ni mucho menos una oportunidad procesal para modificar la causa petendi de la demanda, sino para abogar por que lo decidido se revoque o modifique, conforme a la postura que previamente esbozaron las partes.

Por otro lado, el estudio de la conducta oficial es un aspecto esencial en la acción de reintegro, pues solo a partir de ella es que es posible luego entender cuál

en virtud del principio de congruencia, la evaluación del elemento subjetivo se circunscribe a los hechos que soportaron la imputación; por ende, no es posible analizar la conducta desde un escenario distinto". Sección Tercera, Subsección "C", Sentencia de 19 de abril de 2023, Expediente 60.956, C. P. Jaime Rodríguez Navas.

29 Consejo de Estado, Sección Tercera, Subsección "A", Sentencia de 16 de agosto de 2022, Expediente 57.501, C. P. José Roberto Sáchica Méndez.

30 *Ibidem*.

31 Consejo de Estado, Sección Tercera, Subsección "A", Sentencia de 17 de febrero de 2023, Expediente 62.136, C. P. José Roberto Sáchica Méndez.

es el fundamento constitucional y legal de la exigencia de una actuación dolosa o gravemente culposa relacionadas directamente con la obligación de pago del Estado. Veamos.

1.4.1. LA CONDUCTA OFICIAL COMO CENTRO DE ATENCIÓN DE LA ACCIÓN DE REPETICIÓN

Un aspecto determinante en el estudio de cualquiera de las clases de responsabilidad que le atañen a los servidores públicos y a los particulares que ejercen funciones públicas concierne con la conducta que despliegan en el cumplimiento de tales labores, pues aquella persona que decide vincularse con el Estado y establecer con él una relación especial de sujeción, no por ello deja de tener una esfera particular que es totalmente ajena a los sistemas de control dispuestos por el constituyente para reprimir y sancionar ciertas actuaciones de aquellos (derecho penal o disciplinario, por ejemplo) e incluso derivar de ellas responsabilidad patrimonial para el agente oficial (acción fiscal o de repetición según resulte procedente).

Son pues los comportamientos de acción, omisión o de extralimitación atribuibles a los agentes estatales, en el ejercicio de las funciones públicas o con ocasión o como consecuencias de estas, que denominamos propiamente como actos propios de la conducta oficial, el aspecto medular sobre el cual recae el sistema de responsabilidad del servidor público como lo precisaremos más adelante. Aquello que escape a ese espacio o contexto funcional no hará parte de ninguno de los sistemas de control dispuestos para asegurar el cumplimiento fiel y estricto de los deberes funcionales asignados a los servidores públicos para cumplir con los fines estatales señalados en el artículo 2 de la carta fundamental. Por su parte, el Consejo de Estado[32], recientemente, hizo una magistral identificación de este elemento esencial de la responsabilidad estatal por las actuaciones de sus funcionarios y en ese sentido concluyó lo siguiente:

> La ilicitud, esa contradicción del hecho humano — activo o por omisión— adquiere sin embargo una connotación particular. Cuando se ejerce una función pública, administrativa, por ejemplo, no se está desplegando una faceta de la libertad humana, sino que se está en el ámbito del ejercicio de la autoridad. Y como las competencias devienen de una autorización normativa previa (principio de legalidad) el juez de la responsabilidad civil del Estado parte de un punto de vista diferente: la atribución legal.

---

32 Sección Tercera, Subsección "C", Sentencia de 8 de agosto de 2023, Expediente 51.428, C. P. Guillermo Sánchez Luque.

La conducta humana es objeto de atención y de regulación por el derecho, en especial y para los efectos de esta obra, aquella que es desarrollada por las personas que laboran al servicio del Estado o asumen ciertas tareas públicas, sin perder propiamente su condición de particulares. Son pues esas actuaciones, en ejercicio de funciones públicas, aquellas que trascienden y tienen la virtualidad de producir efectos jurídicos significativos en la sociedad y que, por lo tanto, son susceptibles de control estatal.

Ahora bien, a partir del momento en que una persona adquiere la condición de servidor público (artículo 122 Constitución Política) o desde que asume las funciones públicas conservando la calidad de particular, proyecta comportamientos que se dan necesariamente en el marco funcional, entendiendo por tales aquellas conductas oficiales que surgen en el cumplimiento de sus deberes funcionales que están en la constitución, la ley o el reglamento. De este modo, ese actuar personal del agente estatal, puede trascender en el plano de la responsabilidad derivada del juicio de repetición, sólo cuando ocurre en cumplimiento o con ocasión a esas funciones públicas y como consecuencia de ello ocasiona un daño antijurídico a un tercero por el que el Estado es llamado a responder e indemnizar. La Corte Constitucional[33], frente a este aspecto precisó lo siguiente:

> (...) Es evidente que el artículo 90 constitucional consagra una clara diferencia entre la responsabilidad del Estado y la responsabilidad que igualmente es posible deducir a sus agentes. En el primer caso, la responsabilidad resulta de la antijuridicidad del daño, pero frente a sus agentes esa antijuridicidad se deduce de la conducta de estos, vale decir, de que el comportamiento asumido por ellos y que dio lugar al daño, fue doloso o gravemente culposo. En tal virtud no puede deducirse responsabilidad patrimonial del funcionario o agente público si no se establece que obró, por acción u omisión, constitutiva de dolo o culpa grave, y que lo hizo en ejercicio o con motivo de sus funciones. En consecuencia si la responsabilidad del agente público no se configura en dichos términos, resulta improcedente que el Estado ejerza la acción de repetición, porque ésta sólo se legitima en la medida en que éste sea condenado a reparar el daño y los agentes estatales resulten igualmente responsables (...)

El cumplimiento de los fines estatales es una tarea ardua, sensible y demandante que compromete toda la institucionalidad que integra el Estado colombiano y para ello se cuenta con el concurso de los servidores públicos o de los particulares que ejercen funciones públicas, quienes al final son el instrumento a través del cual se efectúan variadas labores en los diferentes escenarios públicos para servir a esos propósitos que encuentran asiento en el artículo 2 de la carta fundamental.

---

33 Corte Constitucional Colombia, Sentencia C-430 de 2000, M. P. Antonio Barrera Carbonell.

El servidor público para lograr el cumplimiento de los fines públicos, le corresponde actuar en nombre del Estado y para ello se encuentra dotado de unas atribuciones o funciones que tienen sustento en la constitución, la ley o el reglamento —así se ordena en el artículo 121 superior—. Y esas atribuciones deben ser leídas y entendidas en clave eminentemente funcional. De este modo, cuando una persona accede a un cargo público —carrera administrativa, nombramiento en provisionalidad, elección popular, concurso o convocatoria, contrato de trabajo, etc.— asume la obligación de atender cada uno de los deberes que están dispuestos para ese empleo o dignidad y preciso, dentro de ese marco, debe actuar en un contexto funcional.

En este orden de ideas, los deberes del servidor público o del particular que cumple funciones públicas, se traducen en verdaderos mandatos de acción, abstención o de restricción que delimitan su campo de acción, es decir, fijan los mínimos y máximos de su actuación. Adicionalmente, los agentes estatales para desarrollar sus tareas detentan un poder público que debe ser necesariamente controlado a través de los diversos sistemas previstos en el ordenamiento jurídico. De este modo, por ejemplo, cuando un alcalde decide abrir un proceso de selección para contratar una obra pública, cumple con varias de sus funciones, asimismo busca alcanzar ciertos fines estatales y de paso también despliega una actuación que en cualquier momento puede ser objeto de examen y valoración a través de cualquiera de los sistemas de control previstos (penal o disciplinario) en el ordenamiento jurídico.

Así las cosas, son aquellos comportamientos de los agentes estatales que surgen como consecuencia del ejercicio de sus funciones o con ocasión de ellas, lo que denominamos la conducta oficial. Ahora, también puede suceder que un servidor público opte por obrar por fuera de sus funciones o con clara extralimitación de las que tiene atribuidas, en cuyo caso ese tipo de conductas, igualmente, pueden comprometer su responsabilidad personal e incluso patrimonial. Así, por ejemplo, si un secretario municipal de gobierno decide abrogarse funciones propias de un juez en el marco de una actuación administrativa y en ella declara que sobre un bien inmueble operó la prescripción adquisitiva de dominio y con ello ocasiona daños antijurídicos a terceros, resultará claro que esa actuación fue el producto de una conducta oficial de ese agente.

El juez de la repetición, en el proceso contencioso administrativo, le corresponderá efectuar una prueba de verificación para establecer si el agente estatal que causó el daño antijurídico a un tercero que debió indemnizar el Estado cuando lo produjo lo hizo o no en el cumplimiento de sus funciones o con ocasión de ellas y si se está o no en presencia de una conducta oficial. Para estos efectos, la entidad demandante en la repetición deberá establecer con total claridad las circunstancias de modo, tiempo y lugar en que se desplegó el comportamiento oficial causante del daño patrimonial. El requisito anterior no se cumple con la simple identificación del agente o con los documentos que acreditan su vinculación con el Estado, pues también será menester asegurar que el comportamiento que dio lugar a la condena que luego se pide como fundamento para reintegrar, en sede de repetición, se produjo en el marco de una conducta oficial de ese agente y tiene en él su fuente directa de causación[34].

La conducta oficial es el eje central sobre el cual recae el juicio de repetición, pues es ese comportamiento el que compromete la responsabilidad del Estado y, por lo tanto, el juez debe valorarlo frente a lo que hizo o no hizo el agente estatal en cumplimiento o por fuera de sus funciones, como fuente de causación del daño antijurídico a un tercero, bajo una premisa fundamental: el constituyente de 1991 calificó que esa conducta debía ser dolosa o gravemente culposa para superar el umbral de protección que se creó a favor de los servidores públicos. Esto de paso sustenta la imperiosa necesidad de surtir el juicio de repetición bajo el prisma del principio de culpabilidad como lo sostuvo la Corte Constitucional, pues se reitera que ello implica valorar una conducta humana. Más adelante volveremos sobre este punto.

No se trata entonces de que se postule como tal en esta obra la creación de un nuevo requisito no previsto en la Ley 678 de 2001 a la hora de examinar la conducta oficial atribuida al agente estatal, pues creemos que este asunto bien puede y debe ser examinado en el instante de verificar si la conducta fue cometida de forma dolosa o con culpa grave. Jurídicamente carece de todo sentido adentrarse en el estudio del elemento subjetivo de la conducta cuando ella ocurrió por fuera del desempeño de funciones públicas, es decir, por fuera del servicio o con ocasión de él.

Otra situación que puede perfectamente puede surgir es que un juez ordinario encuentre que el agente estatal causó el daño antijurídico a un tercero cumpliendo o con razón de sus funciones y luego que el juez de la repetición advierta todo lo contrario. En ese sentido, el Consejo de Estado[35], afirmó:

> En tal sentido, la Sección Tercera del Consejo de Estado ha sido clara en exponer que las providencias judiciales sólo acreditan, principalmente, su propia existencia, la de una condena y el monto correspondiente por la que fue impuesta, por lo que las consideraciones fácticas y jurídicas plasmadas en ellas no prueban por sí solas la materialización de la imputación subjetiva necesaria para la declaratoria de prosperidad de la pretensión resarcitoria.

---

34 Consejo de Estado, Sección Tercera, Subsección "A", Sentencia de 23 de mayo de 2023, Expediente 67.016, C. P. José Roberto Sáchica Méndez.

35 Sección Tercera, Subsección "A", Sentencia de 13 de agosto de 2021, Expediente 60.615, C. P. María Adriana Marín.

En este orden ideas, la acreditación de la conducta oficial como causante directa del daño antijurídico que debió indemnizar el Estado, es un aspecto que debe quedar claramente probado en el proceso de repetición, so pena que no se halle demostrado este requisito legal de procedencia de la acción de reintegro.

El sistema de control sobre la conducta oficial de los servidores públicos y de los particulares que ejercen dichas funciones tiene un sustrato constitucional en los artículos 6, 122, 123, 124 y 209. Asumir funciones públicas en una u otra condición —servidor o particular— conlleva responsabilidades de diverso orden que encuentran pleno sustento superior, pero en ese contexto también al servidor oficial no se le puede exigir lo imposible, ni tampoco que garantice o asuma —como una especie obligación de resultado— que no podrá equivocarse ni ser negligente o descuidado en el ejercicio de tales funciones.

El constituyente de 1991 consciente de esas calidades del buen servidor público encontró plausible y razonable crear un estándar de responsabilidad patrimonial que lograra un justo equilibrio entre la obtención de los fines del Estado, la protección del patrimonio público y una especie de resguardo constitucional para aquella persona que adquiere la calidad de agente oficial, por un lado, para incentivar la participación de los particulares en el cumplimiento de las misiones estatales y, por el otro lado, con el fin de tolerar y asumir con cargo a la colectividad de aquellos daños que sufra el erario ante comportamientos negligentes, descuidados y equivocados de los agentes públicos quedando por fuera de esa coraza las conductas dolosas o gravemente culposas. No es otro el sentido y alcance del artículo 90 superior.

El Consejo de Estado, identificó la situación anterior cuando al referirse a las discusiones que se dieron para la aprobación del artículo 90 superior, en la Asamblea Nacional Constituyente se advirtió lo siguiente[36]:

> En cuanto al segundo inciso en mención, explicaron los asambleístas que la inclusión de los criterios de dolo y culpa grave fueron introducidos por la comisión "(...) para limitar los alcances de una disposición que, de tener carácter absoluto, haría excesivamente riesgoso para cualquiera, el desempeño de una función pública".

De este modo, cuando en una acción de repetición se acusa un comportamiento del agente estatal como causa de su procedencia, en lo que concierne con el aspecto subjetivo deberá probarse precisamente que esa conducta o fue dolosa o gravemente culposa, pues si se rotula como descuidada, negligente o equivocada

---

36 Consejo de Estado, Sección Tercera, Subsección "A", Sentencia de 22 de abril de 2022, Expediente 60.137, C. P. José Roberto Sáchica Méndez. Cita extraída de dicha providencia judicial

no estará llamada a prosperar[37]. El constituyente no elevó la negligencia como causa para invocar y sustentar una acción de repetición. Por el contrario, aceptó que el servidor público o particular que desempeña funciones públicas pudiera equivocarse, cometer alguna negligencia o descuido. La jurisprudencia, así lo identificó al señalar:

> Dado lo anterior, no puede ser irrelevante el hecho de que la norma constitucional (art. 90) haya establecido expresamente que el deber de las entidades estatales de repetir contra sus funcionarios o ex funcionarios, sólo surge en la medida en que el daño a cuya reparación patrimonial hayan sido condenadas, pueda imputarse a la conducta dolosa o gravemente culposa de los mismos, lo cual, por otra parte, se explica por la necesidad de ofrecer unas mínimas garantías a los servidores públicos, en el sentido de que no cualquier error en el que puedan incurrir de buena fe, podrá servir para imputarles responsabilidad patrimonial ante la respectiva entidad estatal, lo cual podría conducir a un ejercicio temeroso, ineficiente e ineficaz de la función pública[38].

La equivocación es un riesgo que corremos todos los seres humanos por el solo hecho de vivir y de relacionarnos en una sociedad. Lo propio podemos señalar del descuido o de la negligencia. A diario, nos vemos enfrentados a esas situaciones que, aunque son adversas alimentan la experiencia y fortalecen el proceso de crecimiento de todos.

Puestas las reflexiones anteriores en el marco del desarrollo de las funciones públicas, es necesario anotar que la multiplicidad de tareas que asumen los servidores oficiales al lado de las dificultades logísticas, físicas o de personal que muchos viven a diario en sus cargos, la hiper legislación normativa y en algunos momentos de cierta complejidad o de total incertidumbre a la hora de tomar una decisión muestran definitivamente que pueden equivocarse cuando actúan en el cumplimiento de sus funciones, es decir, desplegando una típica conducta oficial.

Particularmente, en el escenario contractual, los servidores públicos que surten los procesos de contratación muchas veces se enfrentan a verdaderos desafíos en la aplicación de las normas de contratación pública, sumado en algunas ocasiones a la

---

37 El Consejo de Estado, así lo precisó al señalar: *"Frente la culpa grave, se precisa que, si bien para la Sala, existió una culpa, la misma no se puede calificar de grave. En otras palabras, el hecho de, para evitar la caída del fusil, hacer un movimiento brusco que llevó a accionar el arma y causar el accidente en la Estación de Policía del Copey, sin duda implicó una conducta negligente y descuidada, pero existen situaciones que, en este caso, permiten despojar a la conducta de la gravedad requerida para que haya lugar a condenar al patrullero"*. Sección Tercera, Subsección "B", Sentencia de 2 de marzo de 2022, Expediente 55.562, C. P. Alberto Montaña Plata.

38 Consejo de Estado, Sección Tercera, Subsección "C", Sentencia de 10 de noviembre de 2016, Expediente 51.397ª, C. P. Jaime Orlando Santofimio Gamboa.

inexistencia de antecedentes jurisprudenciales o de criterios jurídicos que le permitan adoptar decisiones en ambientes de relativa certidumbre o qué decir de aquellos eventos en los que definitivamente deben echar mano de los principios para resolver grandes y álgidas controversias que se dan en el curso de dichos procedimientos. Dicho contexto puede dar a lugar a decisiones desacertadas que pueden comprometer patrimonialmente al Estado, pero no por ello deben superar el umbral de protección creado constitucionalmente a favor de esos servidores públicos.

En la misma línea de lo anterior, valiosos resultan varias decisiones del Consejo de Estado, en sede de repetición, en las cuales se han negado pretensiones de reintegro frente a actuaciones contractuales desplegadas por los servidores públicos que luego han sido declaradas sin validez porque fueron el producto de una recomendación de un comité asesor integrado por expertos[39] o cuando se anulan actos administrativos de desvinculación laboral[40] que estuvieron sustentados en conceptos jurídicos emitidos por abogados con experiencia o idoneidad en la materia o porque se han soportado en criterios jurisprudenciales que avalan su comportamiento[41].

Un asunto vital que también debe valorar el juez de la repetición concierne con la aplicación del principio de confianza[42] en el escenario del cumplimiento de los deberes oficiales de los agentes estatales[43] como eventual fuente de responsabilidad patrimonial de los servidores públicos, pues no hay duda que la complejidad del mismo aparato estatal, la misma división y asignación de funciones entre diversos servidores que laboran al servicio de una entidad pública, deben tener un efecto práctico en la atención de las funciones de un cargo. Las decisiones que adoptan los agentes estatales en muchos casos son el resultado de la intervención

39 Consejo de Estado, Sección Tercera, Subsección "B", Sentencia de 11 de septiembre de 2021, Expediente 55.945, C. P. Fredy Ibarra Martínez.

40 Sección Tercera, Subsección "A", Sentencia de 3 de marzo de 2023, Expediente 66.663, C. P. José Roberto Sáchica Méndez.

41 Consejo de Estado, Sección Tercera, Subsección "C", Sentencia de 11 de diciembre de 2019, Expediente 63.292, C. P. Guillermo Sánchez Luque.

42 Una interesante cita nos señala: *"En cuanto al principio de confianza: "Cuando el comportamiento de los seres humanos queda entrelazado, no forma parte del rol del ciudadano controlar permanentemente a todos los demás; de otro modo, no podría haber reparto del trabajo. Existe un principio de confianza" (Jakobs, 1997, 29)*. Peláez Mejía, José María, "Configuración del "Principio de Confianza" Como criterio negativo de tipicidad objetiva", *Prolegómenos* 19, n.º 37 (2016). https://revistas.unimilitar.edu.co/index.php/dere/article/view/1677.

43 Corte Suprema de Justicia, Sala Penal, Sentencia de 13 de septiembre de 2023, Expediente 62.645, M. P. Gerson Chaverra Castro.

de otros servidores y de la evacuación de procedimientos y trámites que generan en el servidor la confianza y tranquilidad de que una determinación que se apresta a tomar cuenta con el examen previo, revisión y aval de los funcionarios de la entidad. La situación anterior fue incluso reconocida expresamente por la Corte Constitucional en la Sentencia SU-259 de 2021. No se trata entonces de que la situación anterior lo que debe generar es la vinculación adicional de todos los servidores públicos en un proceso de repetición. Por el contrario, lo que pone de relieve es que una determinación superó la revisión de varias instancias y por ende de ella no puede predicarse la existencia de una altísima y descuidada decisión. El máximo Tribunal[44] frente a la aplicación del principio de confianza en el proceso contencioso administrativo de repetición aseguró lo siguiente:

> La decisión judicial cuestionada desconoció que el comportamiento del accionante tuvo como fundamento el concepto escrito de una autoridad distrital que caracterizaba la situación de la funcionaria desvinculada y definía jurídicamente la condición en la que se encontraba. La decisión cuestionada desconoce el principio de confianza —que si bien no es absoluto ni puede convertirse en la mampara para escudar el propio descuido o la propia mala fe— en virtud del cual cuando se trata de actividades complejas (como la administrativa) el reparto de roles y competencias implica que cada uno de los involucrados en la dicha tarea compleja, puede confiar en que los demás copartícipes desarrollan de manera correcta su rol.
>
> Un pensamiento en contrario implicaría el fracaso de las tareas administrativas como un todo, pues, si el director de la entidad debe cerciorarse a pie juntillas, que cada uno de sus subalternos ha actuado conforme a su rol, entonces la función administrativa colapsaría porque el superior jerárquico debería verificar —lista de chequeo en mano— que sus subalternos han obedecido su catálogo funcionarial.

Otro aspecto que debe analizar y ponderar el juez de la repetición al momento de valorar la conducta oficial del agente estatal, concierne con la posición y las funciones que desplegó en la entidad a la cual presta o prestaba sus servicios, pues el comportamiento exigible a un servidor también debe incluir necesariamente las condiciones bajo las cuales actuó, es decir, las situaciones que rodearon su conducta y que pueden contribuir a disminuir e incluso exonerarlo de responsabilidad patrimonial. No es lo mismo quien actúa en condiciones de normalidad institucional a quien no lo hace bajo esas mismas circunstancias por eventos externos. Tampoco merece el mismo tratamiento quien debe tomar varias decisiones al tiempo con cierta rapidez o por la premura en el tiempo de asegurar otros objetivos constitucionalmente valiosos a aquél que no tiene ese contexto.

---

44 Corte Constitucional, Sentencia SU-259 de 2021, M. P. José Fernando Reyes Cuartas.

Por otro lado, también debemos resaltar otro caso reciente en el que el propio constituyente decidió que el Estado asumiera los daños antijurídicos causados por los miembros de la fuerza pública por la comisión de conductas punibles por causa, con ocasión o en relación directa o indirecta con el conflicto armado interno al restringir la posibilidad de activar la acción de repetición en su contra. En efecto, el artículo transitorio 26 del Acto Legislativo 01 de 2017 dispuso lo siguiente:

> Artículo transitorio 26. Exclusión de la acción de repetición y llamamiento en garantía para miembros de la Fuerza Pública. En el caso de miembros de la Fuerza Pública que hayan cometido conductas punibles por causa, con ocasión o en relación directa o indirecta con el conflicto armado interno, no procederá la acción de repetición y el llamamiento en garantía establecidos en el artículo 90 de la Constitución Política. En todo caso, deberán contribuir al esclarecimiento de la verdad, a la reparación no monetaria de las víctimas y garantizar la no repetición.

1.4.2. FUNDAMENTO CONSTITUCIONAL DE LA EXIGENCIA DE LA ACTUACIÓN DOLOSA O GRAVEMENTE CULPOSA DEL AGENTE ESTATAL COMO CUARTO REQUISITO SUBJETIVO PARA LA PROCEDENCIA DE LA ACCIÓN DE REPETICIÓN

El desarrollo del aspecto subjetivo debe analizarse a partir de la previsión constitucional insertada en el artículo 90 de la carta de 1991 que dispone: "*En el evento de ser condenado el Estado a la reparación patrimonial de uno de tales daños, que haya sido consecuencia de la conducta dolosa o gravemente culposa de un agente suyo, aquél deberá repetir contra éste*".

De este modo, constitucionalmente, el reintegro económico que se puede pedir por la indemnización que pagó el Estado por la generación de un daño antijurídico a un tercero, debe ser la consecuencia directa de la ocurrencia de una conducta dolosa o gravemente culposa de un agente suyo —causa de la repetición—, lo que a su vez activa el derecho a repetir lo pagado. Así, en lo que atañe con la conducta atribuida al agente estatal, tenemos que esta debe ser la consecuencia directa y causa eficiente del daño antijurídico por el que resultó condenado el Estado pues de lo contrario, es decir, si tiene su origen o fuente en otras circunstancias que no le sean imputables al agente demandado, queda claro que ese daño no le resultará atribuible.

Creemos entonces que el primer examen que debe efectuar el juez a la hora de analizar el requisito subjetivo en la acción de repetición debe centrarse en el esclarecimiento e identificación de la conducta generadora del daño antijurídico, pues no solo debe conocer y evidenciar las circunstancias de modo, tiempo y lugar en las que tuvo ocurrencia, sino que además debe establecer si la misma le es o no imputable al agente demandado. No tendría sentido alguno entrar a realizar valoraciones sobre el dolo o la culpa grave de un agente estatal si él a su vez no participó o dio origen a la conducta que generó el daño antijuridico que debió reparar el Estado. El Consejo de Estado[45], en esa línea, sostuvo lo siguiente:

> Como arriba se explicó, para que se pueda imputar la responsabilidad al agente público se requiere demostrar que la actuación que originó la condena contra el Estado lo fue con culpa grave o dolo, y que dicha actuación la realizó en su calidad de servidor público o de particular investido de funciones públicas con ocasión del ejercicio de éstas o a propósito de la prestación del servicio. Es decir, se requiere el aporte de los elementos y medios de convicción que permitan conocer las circunstancias de tiempo, modo y lugar en que ocurrió la acción o se presentó la omisión y demás necesarias para analizar el aspecto subjetivo de la conducta del servidor público, cómo fue ésta y su incidencia en el hecho dañoso en conexidad con el servicio.

La jurisprudencia del Consejo de Estado[46], nos muestra la importancia del análisis de la imputabilidad de la conducta como condición previa para valorar su carácter doloso o gravemente culposo y, en ese sentido, señaló lo siguiente:

> Tal imputación resulta desafortunada y totalmente contraria a la realidad, en la medida que, tal como se probó, el acto administrativo que dio origen al proceso de nulidad y restablecimiento del derecho que terminó con condena contra el Estado fue suscrito por el gobernador encargado, señor (...) y no por el señor (...), no mediando, entonces, ejercicio de una atribución, prerrogativa de poder o potestad que a cargo del demandado hubiera conducido al citado nombramiento, de manera tal que, por razón de que fuese el gobernador titular de la época, no lo sitúa por ese solo hecho en la base de la estructura de la acción de repetición, que ubica como destinatario de la misma a quien con su actuar doloso o gravemente culposo hubiere propiciado el daño antijurídico que fue objeto de reclamación ante el Estado ya que, como se indicó, la facultad nominadora no estuvo en cabeza de él sino de quien tenía facultad para ello en calidad de encargado.
>
> 49. Corrobora el anterior aserto, la evidencia que reposa en el expediente, la que da cuenta de que el acto administrativo fue firmado por el doctor (...) en calidad de Gobernador encargado.

Entonces, el juez debe hacerse preguntas tales como en qué consistió y cuál fue la conducta generadora del daño antijurídico y luego a quién le resulta imputable[47]. Es pues esa conexidad que debe existir entre la actuación del agente o exagente con la causa eficiente del daño antijurídico lo primero que se debe

---

45 Sección Tercera, Sentencia de 31 de agosto de 2006, Expediente 28.448, C. P. Ruth Stella Correa Palacio.

46 Sección Tercera, Subsección "A", Sentencia de 22 de abril de 2022, Expediente 60.137, C. P. José Roberto Sáchica Méndez.

47 Corte Constitucional, Sentencia C-285 de 2002, M. P. Jaime Córdoba Triviño.

determinar como condición ineludible para cumplir con el mandato previsto en el artículo 90 de la carta de 1991.

Una vez satisfecho ese primer requisito de atribución de la conducta y a quién le resulta imputable, debe darse paso ahora sí a la calificación de ese acción u omisión para confrontarla a la rotulación que de ella se hizo en el texto de la demanda de repetición, es decir, que se trata de una actuación dolosa o gravemente culposa —segundo elemento constitucional—, para lo cual será necesario recurrir a las previsiones dispuestas en la Ley 678 de 2001 y a los criterios de la jurisprudencia del Consejo de Estado y de la Corte Constitucional, aspecto que se desarrollará más adelante.

Ahora bien, el constituyente de 1991 no definió qué debemos entender por conducta dolosa o gravemente culposa, asunto este que quedó en manos del legislador, como lo veremos más adelante. Por su parte, la Corte Constitucional[48], sí se refirió recientemente al dolo y a la culpa grave en la acción de repetición para señalar lo siguiente:

> En palabras de este Tribunal, lo anterior implica "que la antijuridicidad estipulada en el inciso segundo del artículo 90 constitucional para el caso de la responsabilidad de los servidores públicos le otorgó una especial relevancia al factor subjetivo". Por ello se ha dicho que la base de la responsabilidad personal de los agentes de la administración, contemplada en el segundo inciso de la misma disposición, se concentra en la culpabilidad del funcionario. Por esta razón la Corte entiende que la responsabilidad de los agentes del Estado y en ese sentido también la acción de repetición resulta improcedente cuando la acción u omisión de la persona no puede catalogarse como gravemente negligente o arbitraria.

Así las cosas, la acreditación de los elementos constitutivos del dolo o de la culpa grave son aspectos esenciales que hacen parte de la valoración del requisito subjetivo para la procedencia de la acción de repetición que, conforme a la jurisprudencia constitucional[49], deben ser contrastados y examinados a través de un juicio de reproche en el que la culpabilidad tiene un papel definitivo y fundamental.

Lo anterior, entonces pone en evidencia la inclusión de un deber a cargo de las entidades estatales demandantes y también de los jueces, para asegurarse, respectivamente, que en el texto de la demanda de repetición y en el proceso judicial se alleguen y ventilen los fundamentos y pruebas que den cuenta de la acreditación efectiva de una actuación dolosa o gravemente culposa que demuestren que el comportamiento atribuido al agente estatal demandado fue desplegado con conocimiento y voluntad para producir unas consecuencias nocivas —dolo— o que

---

48 Corte Constitucional, Sentencia SU-259 de 2021, M. P. José Fernando Reyes Cuartas.

49 *Ibidem.*

pudo prever la irregularidad en la cual incurriría y el daño que podría ocasionar y aun así no lo hizo o confió imprudentemente en poder evitarlo —actuación gravemente culposa[50]— culpa grave—. En tal sentido, la Corte Constitucional[51], concluyó:

> En ese sentido, aun cuando la Corte ya ha señalado que la naturaleza de la acción de repetición no es de tipo sancionatorio, sino que presenta un carácter reparatorio y resarcitorio, ella no escapa a los alcances de las garantía del principio de culpabilidad, en fin, de la necesidad de esclarecer la responsabilidad subjetiva, pues finalmente, aun reconociendo que no se trata de una acción sancionatoria, sí implica una atribución de responsabilidad, la cual se traduce a su vez en un juicio de reproche al agente, último que solo puede concretarse bajo la ruta del principio de culpabilidad. Aquí lo axial es dejar claro que se trata de la evaluación, en sede judicial, de un comportamiento humano, cimentado en la dignidad de la persona, y por ende, donde está proscrita la responsabilidad por el solo resultado.

Todo lo expuesto nos lleva a concluir de cara a lo previsto en el artículo 90 de la carta de 1991 y a la jurisprudencia constitucional, que la exigencia de la actuación dolosa o gravemente culposa del agente estatal como cuarto requisito subjetivo para la procedencia de la acción de repetición, exige la acreditación de los siguientes aspectos: i) la imputabilidad de una conducta al agente estatal que fue la causa eficiente y directa del daño antijurídico que debió indemnizar al tercero la entidad estatal demandante; y ii) una actuación dolosa o gravemente culposa que supere el umbral de la culpabilidad valorada con criterios propios del derecho sancionatorio y no del derecho civil.

1.4.3. FUNDAMENTO LEGAL DESARROLLADO EN LA LEY 678 DE 2001 SOBRE LA EXIGENCIA DE LA ACTUACIÓN DOLOSA O GRAVEMENTE CULPOSA DEL AGENTE ESTATAL COMO CUARTO REQUISITO SUBJETIVO PARA LA PROCEDENCIA DE LA ACCIÓN DE REPETICIÓN

Tal como lo advertimos en el numeral anterior, el artículo 90 de la Constitución de 1991 previó unas condiciones para la procedencia de la acción de repetición en contra de los agentes estatales siendo una de ellas la que atañe con el carácter doloso o gravemente culposo de la actuación del causante del daño antijurídico. De esta forma, le correspondió entonces al legislador señalar qué debía entenderse por cada uno de tales conceptos —dolo y culpa grave—. Esa tarea se

50 *Ibidem.*

51 Corte Constitucional Colombia, Sentencia SU-259 de 2021, M. P. José Fernando Reyes Cuartas.

cumplió a través de los artículos 5 y 6 de la Ley 678 de 2001, pues antes de la expedición de dicha norma el Consejo de Estado[52] acudía a los criterios del derecho civil para llenar de contenido los conceptos de dolo y culpa grave. La Ley 678 de 2001 contiene una regulación propia de esas categorías que recientemente fueron objeto de reforma por la Ley 2195 de 2022. De este modo, la legislación optó por un lado por definir qué se entiende por dolo y por el otro, señaló en qué casos se presenta la culpa grave —redacción original—:

> ARTÍCULO 5°. Dolo. La conducta es dolosa cuando el agente del Estado quiere la realización de un hecho ajeno a las finalidades del servicio del Estado.
>
> Se presume que existe dolo del agente público por las siguientes causas:
>
> 1. Obrar con desviación de poder.
>
> 2. Haber expedido el acto administrativo con vicios en su motivación por inexistencia del supuesto de hecho de la decisión adoptada o de la norma que le sirve de fundamento.
>
> 3. Haber expedido el acto administrativo con falsa motivación por desviación de la realidad u ocultamiento de los hechos que sirven de sustento a la decisión de la administración.
>
> 4. Haber sido penal o disciplinariamente responsable a título de dolo por los mismos daños que sirvieron de fundamento para la responsabilidad patrimonial del Estado.
>
> 5. Haber expedido la resolución, el auto o sentencia manifiestamente contrario a derecho en un proceso judicial.
>
> "ARTÍCULO 6°. Culpa grave. La conducta del agente del Estado es gravemente culposa cuando el daño es consecuencia de una infracción directa a la Constitución o a la ley o de una inexcusable omisión o extralimitación en el ejercicio de las funciones.
>
> Se presume que la conducta es gravemente culposa por las siguientes causas:
>
> 1. Violación manifiesta e inexcusable de las normas de derecho.
>
> 2. Carencia o abuso de competencia para proferir de decisión anulada, determinada por error inexcusable.
>
> 3. Omisión de las formas sustanciales o de la esencia para la validez de los actos administrativos determinada por error inexcusable.
>
> 4. Violar el debido proceso en lo referente a detenciones arbitrarias y dilación en los términos procesales con detención física o corporal.

---

[52] Sección Tercera, Sentencia de 31 de agosto de 2006, Expediente 28.448, C. P. Ruth Stella Correa Palacio. En dicha providencia se concluyó: "*Colígese de lo anterior que la Ley 678 de 2001, se aplica en lo sustancial, excepto en lo que resulte más favorable al enjuiciado, para los hechos y actos que hubieren tenido lugar con posterioridad al 4 de agosto de 2001, fecha de su entrada en vigencia, pues los ocurridos con antelación a dicha fecha y, por ende, el estudio de responsabilidad del agente público se deben analizar conforme a la normativa anterior; y en lo procesal, con la excepción que permite el efecto ultractivo de las normas antiguas sobre actos procesales iniciados de que trata el aparte segundo del artículo 40 de la Ley 153 de 1887, es obligado concluir que se aplica para los juicios de repetición en curso y pendientes a dicha fecha, incoados a la luz de la Ley 446 de 1998*".

Recientemente, la Ley 2195 de 2022, modificó los artículos 5 y 6 de la Ley 678 de 2001 que ahora disponen lo siguiente:

> Artículo 5°. Modificado por la Ley 2195 de 2022, artículo 39. Dolo. La conducta es dolosa cuando el agente del Estado quiere la realización de un hecho ajeno a las finalidades del servicio del Estado.
>
> Se presume que existe dolo del agente público por las siguientes causas:
>
> 1. Que el acto administrativo haya sido declarado nulo por desviación de poder, indebida motivación, o falta de motivación, y por falsa motivación.
>
> 2. Haber sido penal o disciplinariamente responsable a título de dolo por los mismos daños que sirvieron de fundamento para la responsabilidad patrimonial del Estado.
>
> 3. Haber expedido la resolución, el auto o sentencia contrario a derecho en un proceso judicial.
>
> 4. Obrar con desviación de poder".
>
> "Artículo 6°. Modificado por la Ley 2195 de 2022, artículo 40. Culpa grave. Se presumirá que la conducta del agente del Estado es gravemente culposa cuando el daño es consecuencia de una infracción directa a la Constitución o a la ley o de una inexcusable omisión o extralimitación en el ejercicio de las funciones.

De esta forma, anotamos que la acción de repetición cuenta, a partir de la expedición de la Ley 678 de 2001, con una definición propia del dolo y de la culpa grave lo que muestra que no resulta procedente acudir a otras legislaciones para llenar de contenido tales conceptos, salvo que se trate de analizar concretamente tales figuras a la luz de la culpabilidad —juicio de reproche—, pues de acuerdo con la jurisprudencia constitucional, necesariamente, a ese juicio se deben integrar las categorías dogmáticas del derecho penal e incluso del derecho disciplinario si es del caso.

La conclusión anterior es sumamente importante para entender que el estudio que debe efectuar el juez de la repetición respecto de la actuación dolosa o gravemente culposa no solo debe someterse a la verificación de los requisitos y condiciones previstas en la Ley 678 de 2001 —artículos 5 y 6 según se trate—, sino que además es indispensable valorar tales circunstancias de cara a las máximas que sobre el dolo y la culpa grave están previstas en el Código Penal e incluso el Código General Disciplinario, pues el juicio de responsabilidad patrimonial del agente estatal implica obligatoriamente una valoración sobre una conducta humana con las garantías propias que se derivan del derecho sancionador del Estado. Sostener lo contrario, es decir, que no se requiere someter el juzgamiento de la conducta del agente estatal bajo las categorías dogmáticas de la culpabilidad sería tanto como desconocer las garantías convencionales y constitucionales que hoy acompañan a los colombianos.

Por otro lado, debemos señalar que hoy en día es de imperiosa necesidad abandonar el estudio del aspecto subjetivo de la acción de repetición con base en las instituciones del derecho civil, pues tal y como lo aseguró la Corte Constitucional[53]:

> El criterio "buen padre de familia" si bien es cierto, en su momento, tuvo una capacidad de rendimiento que se estimó suficientemente útil y comprensible, hoy día, en punto de atribución de responsabilidad ha caído en desuetud, pues, nótese como la propia Constitución alude a los conceptos dolo y culpa.

En este orden de ideas, procederemos a estudiar el dolo y la culpa grave en la acción de repetición conforme a las previsiones dispuestas en la Ley 678 de 2001 y la jurisprudencia del Consejo de Estado.

1.4.3.1. EL DOLO EN LA ACCIÓN DE REPETICIÓN

En primer lugar, debemos advertir que la Ley 678 de 2001 en el artículo 5 estableció una definición de dolo que cumple con la tarea de describir qué comportamientos desplegados por el agente o exagente estatal caen en el radio de acción de dicha categoría jurídica. La noción de la Ley 678 de 2001, no comprende el análisis de los elementos que lo integran como ocurre en el derecho penal o en el derecho disciplinario.

El legislador entonces optó por señalar, por una parte, que una conducta es dolosa —en el contexto de la acción de repetición— cuando ese agente quiere la realización de un hecho ajeno a las finalidades del servicio del Estado —elemento volitivo— y, por otra parte, enlistó un catálogo de presunciones legales frente a determinadas circunstancias jurídicas que calificó también como comportamientos dolosos.

Para el caso del primer inciso del artículo 5 de la Ley 678 de 2001, el dolo se describe de forma general como aquel comportamiento en el que el agente oficial quiere la realización de un hecho ajeno a las finalidades del servicio del Estado. Ahora bien, abordar el estudio de esta definición resulta complejo, pues exige la acreditación —entiéndase prueba— de la voluntad del agente oficial para realizar un hecho ajeno a las finalidades estatales que no necesariamente se califican particularmente. Y esa contrariedad, creemos, debe construirse a partir del contenido del artículo 2 de la Constitución de 1991 que señala cuáles son los fines del Estado, de tal modo que toda conducta que no persiga los fines estatales puede eventualmente calificarse de dolosa, siempre que haya sido la causa eficiente y directa de un daño antijurídico por el cual resultó condenado el Estado.

---

53 Corte Constitucional Colombia, Sentencia SU-259 de 2021, M. P. José Fernando Reyes Cuartas.

Sin dudas, se trata de una labor compleja que debe cumplir la entidad demandante en la repetición, pues le corresponde postular en la demanda y probar en el juicio que fue ese el comportamiento deseado por el agente o exagente oficial contrario a los fines del Estado, que además tuvo la idoneidad suficiente para causarle un daño antijurídico a un tercero por el que fue necesario indemnizar. Nótese que el elemento característico de esta definición del dolo es la voluntad del agente estatal.

Resulta de capital importancia entonces el elemento volitivo[54], pues desde el núcleo esencial del dolo lo encuentra satisfecho solo con el simple querer del agente oficial de actuar por fuera o en forma contraria a los fines del Estado lo que en una lectura aislada podría plantear que el juez de la repetición no tiene que encontrar probado el conocimiento sobre la ilicitud del comportamiento de acción o de omisión atribuible al agente estatal y es a partir de esa conclusión que observamos que esta definición de dolo se alinea más bien con instituciones propias del derecho civil colombiano, conforme lo prevé el artículo 63 del Código Civil cuando señala: *"El dolo consiste en la intención positiva de inferir injuria a la persona o propiedad de otro"*.

Se trata pues de una descripción normativa que no integra los elementos propios de la culpabilidad, tal y como lo exigió con absoluta claridad la jurisprudencia de la Corte Constitucional[55] a la hora de definir un juicio de repetición[56]. La ley 678 de 2001 entonces asoció el dolo a la intención del agente estatal de realizar un hecho ajeno a las finalidades del servicio del Estado. Sobre este punto volveremos más adelante.

---

54 El Consejo de Estado, en ese sentido, aseguró: *"Con base en tales medios de convicción el juez de la acción de repetición debe examinar las circunstancias concretas dentro de las cuales ocurrieron los hechos para determinar si los agentes obraron con la **intención de causar el daño**"* (negrillas por fuera del texto original). Sección Tercera, Subsección "B", Sentencia de 28 de octubre de 2019, Expediente 63.091, C. P. Martín Bermúdez Muñoz.

55 Corte Constitucional Colombia, Sentencia SU-259 de 2021, M. P. José Fernando Reyes Cuartas.

56 En la misma línea consultar aclaración de voto del magistrado Martín Bermúdez Muñoz, cuando sostuvo: *" El estudio de la culpabilidad del agente demandado no debió hacerse con fundamento en las disposiciones del Código Civil. De acuerdo con dicha codificación, el análisis de la culpa debe ser abordado de modo objetivo, es decir mediante la comparación de la conducta externa del demandado con la de una persona diligente. A la luz del artículo 90 de la C.P., los agentes demandados solo pueden ser condenados si se demuestra su actuar doloso o gravemente culposo, es decir, de acuerdo con un análisis subjetivo de su culpabilidad"*. Aclaración de voto a la Sentencia de 30 de marzo de 2022, Expediente 66.521.

Por otro lado, el contenido de la descripción de un actuar contrario a las finalidades del Estado descrito en el dolo previsto en el artículo 5 de la Ley 678 de 2001 podemos considerarlo como un típico concepto jurídico indeterminado que requiere de una labor especial de argumentación y construcción para poder llenarlo de contenido. La Corte Constitucional, precisamente, se refirió a dicha figura jurídica para precisar lo siguiente:

> Por tanto, la jurisprudencia constitucional ha admitido expresamente que en materia disciplinaria es válido el uso de conceptos jurídicos indeterminados, siempre y cuando la forma típica tenga un carácter determinable al momento de su aplicación, para lo cual es necesario que en el ordenamiento jurídico, en la Constitución, la ley o el reglamento se encuentren los criterios objetivos que permitan complementar o concretar las hipótesis normativas de manera razonable y proporcionada, de lo contrario vulnerarían el principio de legalidad al permitir la aplicación discrecional de estos conceptos por parte de las autoridades administrativas.

De tal forma que para concretar y demostrar una actuación intencional del agente o exagente oficial como contraria o alejada de los fines del Estado, será indispensable, como se indicó, acudir al artículo 2 de la carta de 1991 para confrontar dicha conducta con uno o varios de esos fines dispuestos en el texto superior y de ahí extraer su contrariedad.

A la luz de las previsiones de la Ley 678 de 2001 entonces debe acreditarse una relación próxima entre la conducta intencional del agente estatal de actuar en forma contraria a los fines del Estado la que debe ser causa eficiente y directa del daño antijurídico que debió indemnizarse por cuenta del erario para concluir que el comportamiento puede calificarse como doloso.

Ahora bien, aquí vale la pena citar un reciente pronunciamiento del Consejo de Estado[57] en el que se precisó que no es ante cualquier actuación del agente estatal que lo obliga a reintegrar al erario, pues en ese sentido indicó:

> Se trata, entonces, de la determinación de una responsabilidad subjetiva en la que juega un papel decisivo el análisis de la conducta del agente, lo que implica que no cualquier equivocación, no cualquier error de juicio, ni cualquier actuación que desconozca el ordenamiento jurídico, permite deducir su responsabilidad y debe comprobarse la gravedad de la falla en su conducta.

Tal y como lo advertimos, esa descripción del dolo dispuesta en el inciso primero del artículo 5 de la Ley 678 de 2001 plantea un gran desafío para la entidad demandante en el juicio de repetición, pues la demostración de esa forma de culpabilidad al amparo de esa primera definición resulta altamente compleja y difícil probarla,

57 Sección Tercera, Subsección "A", Sentencia de 18 de marzo de 2022, Expediente 60.403, C. P. José Roberto Sáchica Méndez.

sin embargo, ello no implica que deba descartarse en todos los casos, solo que será mayor la carga procesal que deberá asumir quien edifique la pretensión de reintegro bajo ese supuesto. Por otra parte, la redacción inicial del artículo 5 de la Ley 678 de 2001 creó unas presunciones de dolo en razón a determinadas hipótesis, así:

> Se presume que existe dolo del agente público por las siguientes causas:
> 1. Obrar con desviación de poder.
> 2. Haber expedido el acto administrativo con vicios en su motivación por inexistencia del supuesto de hecho de la decisión adoptada o de la norma que le sirve de fundamento.
> 3. Haber expedido el acto administrativo con falsa motivación por desviación de la realidad u ocultamiento de los hechos que sirven de sustento a la decisión de la administración.
> 4. Haber sido penal o disciplinariamente responsable a título de dolo por los mismos daños que sirvieron de fundamento para la responsabilidad patrimonial del Estado.
> 5. Haber expedido la resolución, el auto o sentencia manifiestamente contrario a derecho en un proceso judicial.
>
> Recientemente, el artículo 39 de la ley 2195 de 2022, modificó el artículo 5 de la ley 678 de 2001 que ahora dispone lo siguiente:
>
> "(...) Se presume que existe dolo del agente público por las siguientes causas:
> 1. Que el acto administrativo haya sido declarado nulo por desviación de poder, indebida motivación, o falta de motivación, y por falsa motivación.
> 2. Haber sido penal o disciplinariamente responsable a título de dolo por los mismos daños que sirvieron de fundamento para la responsabilidad patrimonial del Estado.
> 3. Haber expedido la resolución, el auto o sentencia contrario a derecho en un proceso judicial.
> 4. Obrar con desviación de poder.

La creación de esas presunciones[58] de dolo, se consagran en favor del Estado pues en cierta forma flexibilizan las exigencias probatorias para demostrar su ocurrencia lo que alivia la carga de la prueba[59], pero ello en forma alguna libera a la

---

58 Corte Constitucional, Sentencia C-731 de 2005, M. P. Humberto Sierra Porto.

59 En ese sentido, el Consejo de Estado, aseguró: "*37. Este tipo de presunciones, también llamadas legales, califican la conducta del demandado como dolosa o gravemente culposa, siempre que se demuestre el hecho fundante de la presunción que está claramente definido en la ley, pero al ser situaciones que admiten prueba en contrario, son susceptibles de ser desvirtuadas a través de los medios que el demandado estime pertinentes. /38. Así, entonces, dichas presunciones inciden en la distribución del onus probandi en los juicios de repetición, pues a diferencia del régimen anterior, el cual seguía la regla general que imponía al interesado la carga de probar la estructuración del dolo la culpa grave, en los términos del Código Civil, ahora, dicha carga es más llana, en tanto se traduce en el deber de acreditar una condición fáctica que hace presumir la respectiva calificación subjetiva objeto de reproche, mientras al demandado le asistirá entonces el deber de controvertirla.*

entidad estatal demandante de tener que probar el supuesto básico en la que se basa la presunción y a quien se le opone —demandado— le queda habilitada la posibilidad de desvirtuar el hecho deducido a fin de liberarse de responsabilidad[60] a través del aporte o solicitud de pruebas tendientes a desvirtuarla. El Consejo de Estado[61], en ese sentido, aseguró:

> Al respecto la Corte Constitucional en ejercicio del control de constitucionalidad estimó que las presunciones legales tienden a corregir la desigualdad material frente al acceso a la prueba no comprometen el debido proceso y no implican atribución de culpabilidad en cabeza del demandado, no obstante, es deber de la entidad actora expresar la presunción de dolo o culpa grave en orden a permitir que el demandado tenga la oportunidad de ejercer su derecho de defensa y contradicción frente a un cargo específico.

Por otro lado, el Consejo de Estado[62], recientemente, precisó que la configuración de cualquiera de las presunciones de dolo dispuestas en la Ley 678 de 2001 no restringen propiamente el derecho de defensa del demandado en la medida en que este puede demostrar perfectamente que su conducta no fue dolosa. En tal sentido, se sostuvo: *"De modo que el juez de la acción de repetición puede estudiar la conducta del agente con el fin de determinar, si no obstante configurarse alguna de las presunciones, el demandado no actúo de forma dolosa o gravemente culposa"*.

Por otro lado, la jurisprudencia del Consejo de Estado[63], ha sido clara en señalar que si la entidad demandante no determina adecuadamente en la demanda bajo cuál presunción pretende edificar el dolo o la culpa grave del agente o exagente estatal, no resultará procedente aplicar la misma. Así lo aseguró cuando señaló: *"Dado que en el presente caso no se realizó un adecuado planteamiento de los cargos la Sala no aplicará ninguna presunción y entenderá que es deber de la demandante probar que los*

/39. Son, por tanto, presunciones relativas a la calificación subjetiva de la conducta que, si bien constituyen una conclusión anticipada de culpabilidad, no representan una determinación definitiva de responsabilidad del demandado, pues está a merced de éste su controversia, quien, además, se encuentra en una condición favorable para desvirtuarlas, en consideración a que fue el sujeto que desplegó la conducta que sirve de base de atribución jurídica. Sección Tercera, Subsección "A", Sentencia de 22 de octubre de 2021, Expediente 56.313, C. P. José Roberto Sáchica Méndez.

60 Corte Constitucional, Sentencia SU-354 de 2020, MP Luis Guillermo Guerrero y Sentencia SU-259 de 2021, M. P. José Fernando Reyes Cuartas.

61 Sección Tercera, Subsección "B", Sentencia de 11 de octubre de 2021, Expediente 55.945, C. P. Fredy Hernando Ibarra Martínez.

62 Sección Tercera, Subsección "C", Sentencia de 8 de agosto de 2023, Expediente 51.428, C. P. Guillermo Sánchez Luque.

63 Sección Tercera, Subsección "B", Sentencia de 11 de septiembre de 2021, Expediente 55.945, C. P. Fredy Ibarra Martínez.

accionados obraron con dolo o culpa grave y no de estos desvirtuar presunción alguna". Procedemos entonces a estudiar cada una de esas presunciones de dolo así.

1.4.3.1.1. OBRAR CON DESVIACIÓN DE PODER[64]

La primera presunción se construye a partir de la calificación jurídica del comportamiento del agente o exagente estatal que debe ser a su vez la causa directa del daño antijurídico por el que fue condenado el Estado a indemnizar. Ese actuar debe haberse desplegado con desviación de poder.

La jurisprudencia[65] se ha referido a ese comportamiento para indicar que *"este vicio está referido a «...la intención con la cual la autoridad toma una decisión persiguiendo un fin diferente al previsto por el legislador, que obedece a un propósito particular, personal o arbitrario"*. De este modo, el reproche al comportamiento del agente estatal surge por su actuar contrario al interés general, más bien guiado por propósitos particulares, personales e incluso con cierta arbitrariedad[66]. El Consejo de Estado[67], sobre esta presunción de dolo, aseguró:

> Así, bajo el ropaje de la legalidad, el servidor persigue un propósito ajeno al establecido por el ordenamiento y de esta manera, el vicio de la desviación de poder se relaciona con la fiscalización del elemento intencional del acto de vinculación o desvinculación, de ahí que este motivo de ilegalidad implica primeramente para el demandante demostrar con total certidumbre el "iter" de desviación seguido por la autoridad administrativa que despliega sus prerrogativas en beneficio propio, de un tercero o, en general, de un fin que no consulta el sistema jurídico, debiéndose adentrar entonces en el campo volitivo de los funcionarios que disponen de la titularidad del poder. De lo anterior se colige que la prosperidad de este cargo pende de la refrendación probatoria de la finalidad encubierta u "oscura" que fue concretada mediante la expedición de los actos administrativos.

En este orden de ideas, resulta importante señalar que la entidad estatal demandante en la repetición debe no solo allegar la decisión judicial que declare la nulidad de un acto administrativo donde conste la obligación de indemnizar un daño antijurídico a un tercero, sino que, además, deberá aportar los medios de prueba[68] que den cuenta efectivamente de ese comportamiento dirigido a evi-

---

64 Redacción original del numeral 1 del artículo 5 de la ley 678 de 2001.

65 Consejo de Estado, Sección Segunda, Subsección "A", Sentencia de 22 de febrero de 2018, Expediente 25000-23-25-000-2008-00942-01(1635-17), C. P. Rafael Suárez Vargas.

66 Consejo de Estado, Sección Tercera, Subsección "C", Sentencia de 11 de octubre de 2023, Expediente 60.910, C. P. Nicolás Yepes.

67 Sección Tercera, Subsección "A", Sentencia de 30 de julio de 2021, Expediente 50.424, C. P. José Roberto Sáchica Méndez.

68 *Ibidem*.

denciar esa voluntad del agente estatal dirigida a obtener unos fines personales, particulares o arbitrarios —contrario a la obtención de los fines estatales— y respecto de cuya actuación fue condenado el Estado por la ocurrencia de un daño antijurídico. En tal sentido, el Consejo de Estado[69], aseguró:

> Para el presente caso, con fundamento en el exiguo material probatorio allegado, la Sala concluye que no se probó que la conducta del aquí demandado no comportó una actuación dolosa para efectos de la configuración de la presunción prevista en el citado artículo 5, numeral 1, de la Ley 678 de 2001 invocada en la demanda, pues los elementos probatorios allegados a este proceso no dan cuenta de que su comportamiento se produjo con la intención o la realización de un hecho ajeno a las finalidades del servicio del Estado, pues tales decretos fueron producto de los estudios técnicos de una comisión asesora, actividad que comprendió el análisis de los manuales de funciones y de costos, sin pretensión ninguna de afectar a la señora (...) asunto que no difiere en perspectiva del análisis de la misma sentencia que declaró la nulidad de las referidas resoluciones.

Así las cosas, para la procedencia de la pretensión de reintegro bajo esta presunción de dolo, será necesario contar con una decisión judicial en firme que declare la nulidad de un acto administrativo por cuenta de una actuación constitutiva de desviación de poder y los otros medios probatorios que acrediten dicha conducta dolosa, en especial, aquellos que demuestren la "*(...) finalidad encubierta u "oscura" que fue concretada mediante la expedición de los actos administrativos*[70]".

1.4.3.1.2. HABER EXPEDIDO EL ACTO ADMINISTRATIVO CON VICIOS EN SU MOTIVACIÓN POR INEXISTENCIA DEL SUPUESTO DE HECHO DE LA DECISIÓN ADOPTADA O DE LA NORMA QUE LE SIRVE DE FUNDAMENTO[71]

Nótese que esta presunción también surge de la responsabilidad patrimonial que provoca una condena en contra del Estado por la anulación de un acto administrativo a causa de que el agente estatal invocó en su contenido situaciones fácticas inexistentes o adoptó la decisión con base en normas jurídicas inaplicables.

De este modo, cuando un acto administrativo se anula por cualquiera de esos dos defectos y por ese actuar del agente oficial se genera la obligación para el Estado de indemnizar un daño antijurídico, se activará la posibilidad de iniciar la acción de reintegro teniendo la entidad demandante que probar la existencia

---

69 Sección Tercera, Subsección "A", Sentencia de 16 de julio de 2021, Expediente 49.051, C. P. José Roberto Sáchica Méndez.

70 Consejo de Estado, Sección Tercera, Subsección "A", Sentencia de 18 de marzo de 2022, Expediente 60.403, C. P. José Roberto Sáchica Méndez.

71 Redacción original del numeral 2 del artículo 5 de la Ley 678 de 2001.

de dichos vicios con la decisión judicial respectiva y los demás elementos que acrediten el dolo.

1.4.3.1.3. HABER EXPEDIDO EL ACTO ADMINISTRATIVO CON FALSA MOTIVACIÓN POR DESVIACIÓN DE LA REALIDAD U OCULTAMIENTO DE LOS HECHOS QUE SIRVEN DE SUSTENTO A LA DECISIÓN DE LA ADMINISTRACIÓN[72]

Nótese que esta presunción surge por la ocurrencia de un vicio invalidante del acto administrativo porque el agente estatal lo emitió con falsa motivación ya sea por desviar la realidad o por ocultar hechos que le sirven de sustento a la determinación administrativa. De este modo, cuando un acto administrativo se anula por cualquiera de esos dos defectos y por ese actuar del agente oficial se genera la obligación para el Estado de indemnizar un daño antijurídico, se activará la posibilidad de iniciar la acción de reintegro teniendo la entidad demandante que probar la existencia de dichos vicios con la decisión judicial respectiva y los demás elementos que acrediten el dolo.

1.4.3.1.4. HABER SIDO PENAL O DISCIPLINARIAMENTE RESPONSABLE A TÍTULO DE DOLO POR LOS MISMOS DAÑOS QUE SIRVIERON DE FUNDAMENTO PARA LA RESPONSABILIDAD PATRIMONIAL DEL ESTADO

La presunción se construye entonces sobre la declaratoria previa de responsabilidad penal o disciplinaria a título de dolo en contra del agente o exagente estatal por los mismos hechos que son fuente de la responsabilidad patrimonial del Estado. De este modo, es una misma conducta la que origina una condena penal o disciplinaria en contra del servidor público y también la que a su vez genera el deber para el Estado de tener que indemnizar un daño antijurídico que se causó a un tercero por ese mismo comportamiento.

Ahora bien, lo fundamental a la hora de ampararse bajo esta presunción consistirá en que la entidad demandante en la repetición acredite: i) la decisión de carácter penal o la disciplinaria en contra del agente o ex agente oficial; ii) que la imputación subjetiva de aquella sea a título doloso; iii) que la conducta objeto de la declaratoria de responsabilidad penal o disciplinaria sea a su vez la misma que originó una condena patrimonial en contra del Estado y iv) las pruebas que demuestren ese actuar doloso.

Por último, como lo veremos más adelante, la condena penal o disciplinaria a título doloso en contra del agente o exagente estatal no tendrá efectos definitivos

---

[72] Redacción original del numeral 3 del artículo 5 de la Ley 678 de 2001.

ni mucho menos de cosa juzgada durante el trámite de la acción de repetición para entender probado y acreditado el dolo automáticamente simplemente con el fallo sancionatorio bajo esa modalidad de culpabilidad, pues tal conclusión rompe con la naturaleza jurídica diferente de ambas responsabilidades (penal y patrimonial del servidor público) y de paso transgrede el principio de culpabilidad que debe garantizarse en sede de la acción de reintegro tal como lo sostuvo la Corte Constitucional[73].

De este modo, resulta desacertado señalar que basta que exista una sentencia penal o un fallo disciplinario que condena al agente estatal a título de dolo por los hechos que fueron fuente de responsabilidad patrimonial en contra del Estado para encontrar acreditar la procedencia de la repetición bajo esta presunción, pues, por el contrario, el juez deberá efectuar un análisis diferente bajo una óptica que puede concordar o no con esa decisión judicial o administrativa antecedente —penal o disciplinaria— a la hora de analizar si se probó o no el dolo en la pretensión de reintegro.

1.4.3.1.5. HABER EXPEDIDO LA RESOLUCIÓN, EL AUTO O SENTENCIA MANIFIESTAMENTE CONTRARIO A DERECHO EN UN PROCESO JUDICIAL

Esta presunción se dirige para aquellos agentes o exagentes oficiales que ejercen funciones permanentes o transitorias de naturaleza judicial. Tal es el caso de los funcionarios de la Rama Judicial (magistrados, jueces o fiscales) y las autoridades administrativas o particulares que ejercen dichas atribuciones de administrar justicia. Se trata entonces de servidores públicos o particulares que ejerzan tales funciones, pues son los únicos que pueden expedir resoluciones, autos o sentencias en un proceso judicial, escenario exclusivo dentro del cual opera la presunción.

El punto clave es la decisión judicial ya sea que revista la forma de resolución, auto o sentencia con lo cual el legislador prevé una circunstancia especial que tiene como destinatario a aquellos servidores que ejerzan repito funciones judiciales. Ahora bien, la resolución, auto o sentencia debe ser manifiestamente contraria a derecho lo que pone de presente de que esa contrariedad debe ser evidente, grave, manifiesta que no requiera de mayores elucubraciones o análisis para concluirla, pues si la determinación judicial acusada resulta razonable o goza de una motivación que muestre un ejercicio argumentativo válido o señale fundamentos jurídicos que la sustenten no podremos indicar que se está en presencia de algunos de los supuestos previstos en esta presunción y por lo tanto la acción de repetición no estaría llamada a prosperar. No podemos perder de vista que la autonomía judicial es un aspecto que reviste de presunción de acierto las decisiones judiciales que

73 Corte Constitucional Colombia, Sentencia SU-259 de 2021, M. P. José Fernando Reyes Cuartas.

además se constituyen en una garantía sensible para el Poder Judicial. El Consejo de Estado[74], recientemente, sobre este mismo aspecto, precisó lo siguiente:

> Con todo, el actuar del demandado se amparó en una interpretación plausible respecto de la situación que fue puesta a su consideración, por manera que el juicio de reproche endilgado en la acción de reembolso no tiene por sí misma, la capacidad de desestimar la posibilidad que ostenta cualquier operador judicial de emitir pronunciamientos debidamente razonados y fundamentados y, por tanto, de realizar una aproximación distinta, sin que ello pueda edificarse como una conducta transgresora del ordenamiento jurídico.
>
> (...) Vale destacar que no cualquier equivocación, error de juicio o actuación que desconozca el ordenamiento jurídico representado en una providencia judicial que sea revocada y cause una lesión, permite deducir la responsabilidad directa del agente o exagente, pues únicamente las conductas probadas o que presuntamente ostenten un grado sumo de gravedad tienen la capacidad de comprometer el patrimonio de quien así ha obrado; no en vano el artículo 90 constitucional estableció este requisito como presupuesto sine qua non de la prosperidad de la acción repetición.

Creemos entonces que se trata entonces de manifestaciones judiciales abiertamente inconstitucionales o ilegales que son la causa de una condena al Estado porque ocasionaron un daño antijurídico y que, por lo tanto, no pueden quedar cobijadas o protegidas por ese principio básico de autonomía judicial. Adicionalmente, vale la pena comprender el alcance del elemento normativo contrario a derecho y para esos efectos la jurisprudencia[75] señaló recientemente lo siguiente:

> Ahora, para la realización del verbo rector no basta para la configuración de la falta, sino que se precisa también la concurrencia del elemento normativo de manifiesta contrariedad a derecho «[...] lo que significa que debe ser clara y evidente la contradicción con el ordenamiento jurídico, entendido como el conjunto de fuentes del derecho que rige en el ordenamiento nacional.

Esta presunción no operaría para cualquiera error o contrariedad de una providencia judicial con el orden jurídico, sino contra aquellas que rayen en el prevaricato porque son manifiesta y abiertamente contrarias a la Constitución o la ley. En este punto resultan oportunas las reflexiones que sobre dicho delito recientemente expuso la Corte Suprema de Justicia[76], cuando sostuvo:

> (...) no basta con que la decisión sea formalmente equivocada por razones sustanciales, de procedimiento o de competencia, pues también requiere que la

---

74 Sección Tercera, Subsección "A", Sentencia de 24 de abril de 2023, Expediente 64.510, C. P. José Roberto Sáchica Méndez.

75 Comisión Nacional de Disciplina Judicial, Sentencia de 26 de octubre de 2022, Expediente 730011102000 2018 00103 02, M. P. Mauricio Fernando Rodríguez Tamayo.

76 Sala de Casación Penal, Sentencia de 24 de agosto de 2022, Expediente 60463, M. P. Gerson Chaverra Castro.

> disparidad del acto con las normas que lo regulen no admita justificación razonable alguna, principalmente por ser producto de una interpretación razonable y admisible del funcionario sobre el derecho vigente, o de una valoración ponderada del material probatorio objeto de apreciación.

En este orden de ideas, con la demanda de repetición deberá aportarse la resolución o providencia respectiva emitida en el proceso judicial que a su vez fue la fuente de declaratoria de responsabilidad patrimonial en contra del Estado y las demás pruebas que acrediten el dolo para ese caso particular. Por otro lado, resulta importante señalar que la Corte Constitucional en la Sentencia C-037 de 1996[77] concluyó que no resultaba procedente reclamar responsabilidad patrimonial por error judicial por las actuaciones judiciales emitidas por las altas cortes[78] y al respecto precisó lo siguiente:

> En virtud de lo anterior, la Corte juzga que la exequibilidad del presente artículo debe condicionarse a que no es posible reclamar por la actuación de las altas corporaciones de la rama judicial, una responsabilidad del Estado a propósito del error jurisdiccional, pues ello equivaldría a reconocer que por encima de los órganos límite se encuentran otros órganos superiores, con lo cual, se insiste, se comprometería en forma grave uno de los pilares esenciales de todo Estado de derecho, cual es la seguridad jurídica. Por lo demás, cabe anotar que es materia de ley ordinaria la definición del órgano competente y del procedimiento a seguir respecto de la responsabilidad proveniente del error en que incurran las demás autoridades judiciales pertenencientes a esta rama del poder público.

Por último, el artículo 39 de la Ley 2195 de 2022 introdujo algunas reformas a las presunciones de dolo dispuestas en el artículo 5 de la Ley 678 de 2001 para exigir la acreditación de la nulidad y la causal tratándose de la indebida, falta y falsa motivación, al igual que eliminó la palabra manifiesta en aquella que regulaba la de las providencias judiciales y frente a la desviación de poder señaló que opera cuando sea declarado así por el juez ya sea por ilegalidad del acto administrativo y bajo esos supuestos. Los anteriores cambios normativos implementados nos llevan a efectuar las siguientes reflexiones:

Frente a la creación de un nuevo supuesto de la presunción de dolo por la anulación de actos administrativos relacionada con la llamada indebida motivación del acto llama la atención que se trata de una invención que no se ajusta ni siquiera al contenido de las causales genéricas de nulidad de los actos adminis-

---

77 Allí se hizo en control constitucional al proyecto de ley que se convirtió en la Ley Estatutaria 270 de 1996.

78 Criterio que últimamente no ha sido acogido por la Sección Tercera del Consejo de Estado. Ver Subsección "A", Sentencia de 13 de abril de 2023, expediente 67.890, C. P. Nicolas Yepes Corrales.

trativos de acuerdo con las previsiones del artículo 137 de la Ley 1437 de 2011 por lo que valdría la pena entrar a determinar qué puede entenderse por indebida motivación. En ese sentido creemos que necesariamente la indebida motivación será aquella que sea el producto de que le falten esas razones que se requieren para sustentar la decisión administrativa —falta motivación— o cuando esos motivos son contrarios a la realidad —falsa motivación—. Es entonces la forma de darle un efecto útil a la nueva ley y de paso de respetar la coherencia que debe existir frente al régimen general de causales de nulidad de los actos administrativos.

El juez administrativo, creemos, no debería entrar a analizar la procedencia de esta nueva presunción —indebida motivación— por fuera de los casos tradicionalmente estudiados por el derecho procesal administrativo —falta o falsa motivación—, pues entraría a un grado de indeterminación total en la medida en que no existirían criterios objetivos para establecer qué es una indebida motivación del acto lo que además podría ser constitutivo de una violación al debido proceso, pues la indebida motivación no es una causal autónoma de anulación de los actos administrativos, lo que incluso además habilitaría a la jurisdicción administrativa para aplicar la excepción de inconstitucionalidad de esa presunción hasta tanto el Tribunal Constitucional señalara lo contrario.

Ya en lo que atañe con la eliminación del elemento normativo de la manifiesta contrariedad de la providencia judicial, consideramos que la jurisprudencia de la Corte Constitucional e incluso del mismo Consejo de Estado, ha sido clara en sostener que tratándose de la acción de repetición se trata de verificar la ocurrencia de conductas realmente graves y carentes absolutamente de respaldo constitucional y legal. De este modo, creemos que lo manifiesto seguirá siendo un aspecto que debe valorar el juez de la repetición cuando esté en presencia de la presunción de dolo dispuesta en el numeral 3 del artículo 5 de la Ley 678 de 2001 modificado por el artículo 39 de la Ley 2195 de 2022.

Por último, se incluyó como presunción de dolo en la Ley 678 de 2011, la nulidad que disponga el juez del acto administrativo que se profirió porque en ella se acreditó la existencia de conducta ejecutada con desviación de poder, lo que se ajusta y de paso complementa la responsabilidad que surge para el Estado por la anulación de las decisiones administrativas por esa causal de anulación.

1.4.3.2. LA CULPA GRAVE EN LA ACCIÓN DE REPETICIÓN

La otra modalidad de culpa que encaja en los supuestos de la acción de repetición es la grave porque así lo prevé directamente el artículo 90 de la Constitución de 1991. No se trata entonces de cualquier negligencia o desatención del deber objetivo de cuidado, sino que debe recaer en un comportamiento que represente y revista cierta gravedad y significación jurídica. De este modo, la legislación es consciente de que un agente estatal no está exento de cometer errores o de incurrir en comportamientos negligentes en el ejercicio de sus funciones, más aún en las condiciones actuales ante la diversidad de tareas que se deben atender en el servicio público y en la cada vez más creciente asignación de funciones oficiales.

El Consejo de Estado[79], recientemente, se refirió al concepto de culpa grave en la acción de repetición y apuntó lo siguiente:

> A su vez, esta Sección ha entendido a la culpa grave como aquella que se halla inmersa en una conducta o daño que su autor no ha querido cometer, aun cuando su intención aparentara lo opuesto, es decir, aquel que incurre en culpa grave ha obrado con negligencia, despreocupación o temeridad especialmente graves.

Los servidores públicos, necesariamente, deben contar con ciertas condiciones que les permitan vincularse con tranquilidad al Estado para contribuir a la obtención de los fines constitucionales y en ese vía el artículo 90 del texto superior previó una de ellas, esto es que no comprometerán su responsabilidad ante cualquier descuido o negligencia en el ejercicio de sus funciones, sino ante comportamientos significativamente graves que exceden los límites de aquello que resulta comprensible o que cae dentro del concepto de la infracción al deber objetivo de cuidado o de la típica negligencia, es decir, conductas cometidas con suma negligencia[80]. De esta manera, el juez de la repetición viene entonces a cumplir ese papel fundamental de articulador para lograr el equilibrio entre los objetivos de que persigue la acción de repetición y a su vez el de garantizar que los agentes estatales cuenten con los escenarios propicios para servirle al interés general sin temor a que ante cualquier descuido o negligencia se vean afectados patrimonialmente.

El Constituyente de 1991 entonces con la redacción del artículo 90 asumió el costo de los eventuales daños que se ocasionen por los comportamientos culposos de los agentes estatales que causen una condena al Estado, pues reiteramos que fue consciente y toleró dichos comportamientos en la medida en que atendió una máxima de la experiencia y es que todos los seres humanos somos susceptibles de equivocarnos, no siendo la excepción el caso de los servidores públicos quienes están sometidos a unas condiciones especiales pues a diario están sujetos a ciertas situaciones que los compelen a tomar decisiones en muchas veces en contextos de emergencia, en escenarios excepcionales o en ambientes de verdadera incertidum-

---

79 Sección Tercera, Subsección "A", Sentencia de 23 de mayo de 2023, Expediente 61.433, C. P. José Roberto Sáchica Méndez.

80 Sección Tercera, Subsección "C", Sentencia de 19 de julio de 2023, Expediente 60.623, C. P. Jaime Rodríguez Navas.

bre. Valiosas resultan las reflexiones que el Consejo de Estado[81] efectuó sobre el carácter falible de la acción de los humanos cuando aseguró lo siguiente:

> Lo anterior, entre otras cosas, porque la acción humana es falible, y si bien cuando la falibilidad puede dar lugar a daños que se deben reparar, es necesario garantizar el ejercicio de los servidores públicos, pues no cualquier error en el que puedan incurrir puede ser presupuesto automático y definitivo para hacerlos susceptibles de responsabilidad patrimonial.

En este orden de ideas, la culpa que puede dar lugar a la procedencia de una pretensión de repetición es aquella calificada constitucionalmente como grave, es decir, aquella que se contrapone a la infracción al deber objetivo de cuidado o a la negligencia. Es entonces ante un comportamiento significativamente grave en el que el agente estatal no obra descuidadamente, sino que actúa de forma contraria a lo normal, lo razonablemente previsible y esperable de un servidor del Estado, siempre puesto en el mismo contexto en el que desarrolló su conducta. El Consejo de Estado[82], recientemente, puso en evidencia la conclusión anterior al señalar lo siguiente:

> Se recuerda que con la figura de la repetición el legislador no pretendió imponer cargas desproporcionadas a quienes asumen el ejercicio del servicio público, razón por la cual su procedencia está condicionada a que, además de los requisitos objetivos, se acredite con suficiencia que la intervención de los demandados en la ocurrencia de daños antijurídicos fue "premeditada, negligente o manifiestamente imprudente.

La Corte Constitucional[83], por su parte, frente a la culpa grave, apuntó:

> Ese juicio de reproche no puede mirarse a partir de simples rutas objetivas; por el contrario, demanda del operador jurídico un análisis del contexto fáctico y psíquico del agente que, en el caso de la culpa grave, por ejemplo, le permita concluir, que el funcionario, además de poder prever sin equívocos la irregularidad y el daño que ésta generaría, prefirió ejecutar la actuación o confió en poder evitar el resultado dañoso.

Por su parte, el Consejo de Estado[84], describe la culpa grave en materia de acción de repetición, así:

---

81 Sección Tercera, Subsección "A", Sentencia de 24 de abril de 2023, Expediente 64.510, C. P. José Roberto Sáchica Mendéz.

82 Sección Tercera, Subsección "A", Sentencia de 17 de marzo de 2023, Expediente 69.338, C. P. Marta Nubia Velásquez Rico.

83 Corte Constitucional Colombia, Sentencia SU-259 de 2021, M. P. José Fernando Reyes Cuartas.

84 Sección Tercera, Subsección "A", Sentencia de 20 de mayo de 2022, Expediente 57.793, C. P. José Roberto Sáchica Méndez.

> Así, la Sala ha entendido que reviste el carácter de culpa grave aquél comportamiento grosero, negligente, despreocupado o temerario; se trata de aquella conducta descuidada del agente estatal que causa el daño, que hubiera podido evitarse con la diligencia y cuidado que corresponde a quien debe atender dicha actividad en forma normal. Así, la culpa grave o negligencia grave ha sido descrita como "una conducta que infringe, en una medida desacostumbradamente desproporcionada, a la diligencia requerida; sería pasar inadvertido lo que en un caso dado, a cualquiera, debe ser evidente", es decir, que esa negligencia grave sería "la vulneración de un deber especialmente grave y también subjetivamente inexcusable sin más, que excede considerablemente la medida acostumbrada en la negligencia.

De este modo, no es la simple negligencia o infracción al deber objetivo de cuidado el comportamiento del agente estatal que puede calificarse como constitutivo de culpa grave pues éste debe recaer sobre conductas groseras, despreocupadas, temerarias que infringen de forma desproporcionada la diligencia debida, es pues lo contrario al simple descuido o desatención, con lo cual debe existir cierto grado de gravedad. El juez administrativo entonces debe ser muy cuidadoso a la hora de efectuar este tipo de valoraciones, pues la culpa grave debe estar plenamente acreditada en el proceso judicial de repetición, en caso contrario, faltará este elemento indispensable para la declaratoria de responsabilidad del agente estatal.

Por otra parte, resulta interesante la opinión de la doctrina uruguaya[85], precisamente, sobre el alcance de la culpa grave en la repetición, pues nos aproxima a ese carácter especialísimo que reviste esta modalidad subjetiva y anota lo siguiente:

> Jorge Gamarra, citado por Daoiz Uriarte Araújo ha definido el concepto de culpa grave como ´grado máximo de la culpa y supone un comportamiento tan descuidado e imprudente, que linda con la actitud dolosa, al aparecer como intencionalmente dañino. Es lo que se ha calificado como ´culpa grosera o inexcusable´. Carlos E. Delpiazzo subraya que estamos ante un criterio definidamente subjetivo: se debe haber obrado con culpa grave o dolo; se excluyen la culpa simple, la mera negligencia o el error excusable.

Ahora bien, frente a la culpa grave, a diferencia de la definición del dolo que previó el artículo 5 de la Ley 678 de 2001, en el artículo 6 de dicho cuerpo normativo, se estableció por una parte una calificación de comportamientos como constitutivos de culpa grave y otros a título de presunciones. Sin embargo, el artículo 40 de la Ley 2195 de 2022 eliminó las cuatro presunciones previstas originalmente en el precitado artículo 5 de la ley 678 de 2001[86]. El contenido

---

85 Publicación virtual de Pablo Shiavi el 23 de agosto de 2023.

86 *"Artículo 6. La conducta del agente del Estado es gravemente culposa cuando el daño es consecuencia de una infracción directa a la Constitución o a la ley o de una inexcusable omisión o extralimitación en el ejercicio de las funciones.*

vigente del artículo 6 es la siguiente: "*Artículo 6º: Culpa grave. Se presumirá que la conducta del agente del Estado es gravemente culposa cuando el daño es consecuencia de una infracción directa a la Constitución o a la ley o de una inexcusable omisión o extralimitación en el ejercicio de las funciones*".

Desde una primera visión, la culpa grave se describe como aquella conducta del agente del Estado causante del daño antijurídico que es consecuencia de una infracción directa a la Constitución o a la ley o de una inexcusable omisión o extralimitación en el ejercicio de las funciones. Procedemos entonces a estudiar cada uno de esos supuestos así.

1.4.3.2.1. INFRACCIÓN DIRECTA A LA CONSTITUCIÓN O A LA LEY

Se trata entonces de una conducta que de forma grosera infringe la Constitución o la ley, de tal manera que el comportamiento que se constituye en fuente de la acción de reintegro debe tener cierta significación y relevancia jurídica, es decir que debe estar rodeada de elementos propios de gravedad pues no se puede asociar a un simple descuido o la desatención del deber objetivo de cuidado. Adicionalmente, esa conducta debe ir en contra de un precepto constitucional o legal que determine claramente cuál es la acción, abstención o prohibición que se demanda del agente estatal. Este aspecto resulta de capital importancia pues no todo comportamiento constitutivo de un daño antijurídico atribuible a un agente estatal puede a su vez calificarse que va en contra de un precepto constitucional o legal para ser sustento de un actuar con culpa grave, dado que para que se cumpla con esa condición, debe a nuestro juicio, tratarse de una conducta previamente regulada en la norma superior o en la ley que fue groseramente desatendida o desconocida por el servidor oficial.

La infracción directa de la Constitución o de la ley que es constitutiva de culpa grave es aquella conducta que reúna las características de ser arbitraria, mal intencionada, evidente, relevante, grosera, patente, significativa y para poder llegar a esa conclusión creemos que además se requerirá que la norma jurídica constitucional o legal infringida indique cómo debió actuar o no el agente estatal, pues de lo

---

Se presume que la conducta es gravemente culposa por las siguientes causas:

1. Violación manifiesta e inexcusable de las normas de derecho.

2. Carencia o abuso de competencia para proferir de decisión anulada, determinada por error inexcusable.

3. Omisión de las formas sustanciales o de la esencia para la validez de los actos administrativos determinada por error inexcusable.

4. Violar el debido proceso en lo referente a detenciones arbitrarias y dilación en los términos procesales con detención física o corporal".

contrario correríamos el riesgo de que toda acción u omisión atribuible a un servidor público que a su vez sea constitutiva de un daño antijurídico por el que deba indemnizar el Estado, pueda ser calificada como una infracción constitucional o legal que no fue en forma evidente el querer del Constituyente y mucho menos del legislador. Nótese, que los deberes de los funcionarios se encuentran previstos precisamente en dichos ordenamientos jurídicos por lo que aplicar dicha presunción de forma indiscriminada vaciaría de contenido dicha norma —artículo 6 L678 de 2001— y de paso ello implicaría un abierto desconocimiento de los mandatos constitucionales. En la misma línea de lo anterior, el Consejo de Estado[87], particularmente sobre este aspecto subjetivo señaló lo siguiente:

> En la acción de repetición no basta constatar que el agente estatal incumplió un deber legal o desconoció una regla establecida en el manual de funciones; es necesario examinar las circunstancias concretas dentro de las cuales ocurrieron los hechos para determinar si el agente obró con la intención de causar el daño o con una negligencia tan extrema que permita presumirlo.

De otro lado, si se repara la previsión normativa que atañe con la infracción directa de la Constitución o de la ley, ella recae ante una contrariedad que sea fácilmente identificable y perceptible que surja de bulto a partir de una comparación entre aquello que dispone la norma superior o la ley y aquella conducta que desplegó el agente estatal que a su vez fue la fuente de una condena en contra del Estado. Lo significativo de esta infracción debe estar en la claridad del precepto jurídico que le indicada al servidor oficial cómo proceder ante determinada situación y que pese a esa circunstancia de claridad actuó de otra forma. Lo problemático de este supuesto es comprender en qué casos procede, pues al final todo comportamiento de un agente estatal que sea fuente de una condena en contra del Estado por la ocurrencia de un daño antijurídico, muy probablemente implicará que aquél infringió la Constitución o la ley razón por la que debe hacerse una lectura e interpretación restrictiva de dicho supuesto constitutivo de culpa grave, pues en caso contrario lo significativo del carácter gravemente culposo del agente perdería su razón de ser.

Particularmente, llama la atención a la luz de lo previsto en la redacción inicial del numeral 1 del artículo 6 de la Ley 678 de 2001, la precisión que recientemente efectuó el Consejo de Estado[88] a propósito del contenido de la violación

87 Sección Tercera, Subsección "B", Sentencia de 28 de octubre de 2019, Expediente 63.091, C. P. Martín Bermúdez Muñoz.

88 Consejo de Estado, Sección Tercera, Subsección "A", Sentencia de 8 de mayo de 2023, Expediente 66.933, C. P. José Roberto Sáchica Méndez.

manifiesta e inexcusable de las normas de derecho pues con total acierto aseguró lo siguiente:

> Respecto de esta causal se ha señalado que sólo aquel error que por sus dimensiones no pudo haber sido cometido sino mediante total o crasa negligencia del sujeto podría ser juzgado con esa calificación; al tiempo que si el error no es manifiesto sino que procede del normal desenvolvimiento de la actividad desarrollada, la culpa por él engendrada no tendría por qué ser catalogada como grave y, en este sentido, si el error no es inexcusable y manifiesto, no existe responsabilidad patrimonial por parte del agente del Estado.

En la misma línea de lo anterior, el Consejo de Estado[89], ha entendido que no se acredita la culpa grave bajo la presunción contenida por la violación manifiesta e inexcusable de las normas de derecho, cuando un agente estatal adopta un acto administrativo que luego es anulado con la consecuente condena en contra del Estado y se prueba que antes de expedirlo fue previamente asesorado por un abogado con idoneidad sobre la materia.

Por último, la entidad estatal como sujeto activo de la *litis* deberá en la demanda de repetición no sólo acreditar probatoriamente en qué consiste dicha infracción constitucional o legal, sino que además deberá demostrarle al juez que la conducta fue el producto de una conducta significativamente grave atribuible al agente o exagente estatal que a su vez causó la condena patrimonial al Estado.

1.4.3.2.2. INEXCUSABLE OMISIÓN O EXTRALIMITACIÓN EN EL EJERCICIO DE SUS FUNCIONES

En sentido similar, la conducta atribuida al agente estatal a título de culpa grave para promover la acción de reintegro debe estar sustentada en sucesos que demuestren que el servidor incurrió en una o varias omisiones o se extralimitó en sus funciones de forma inexcusable. En este punto nos detenemos en esa omisión o extralimitación de funciones pues cualquiera de las dos debe ser el producto de un comportamiento inexcusable. En ese sentido, la jurisprudencia[90] señaló:

> Como lo dice la Corte Suprema de Justicia, no cualquier error tiene la potencialidad de comprometer la responsabilidad del agente estatal: solo aquel que por sus dimensiones no pudo haber sido cometido sino mediante total o crasa negligencia del sujeto que emite el acto, podría ser juzgado con esa calificación. En este sentido, es cierto que si el error no es inexcusable, no existe responsabilidad patrimonial por parte del agente del Estado. No obstante, como se vio, esto no

89 Sección Tercera, Subsección "A", Sentencia de 3 de marzo de 2023, Expediente 66.663, C. P. José Roberto Sáchica Méndez.

90 Consejo de Estado, Sección Tercera, Subsección "A", Sentencia de 6 de julio de 2017, Expediente 45.203, C. P. Marta Nubia Velásquez Rico.

> debilita los alcances del artículo 90 de la Constitución, porque al Estado lo ata, no la culpa del agente, sino la antijuridicidad del daño.

De este modo, la omisión o la extralimitación en el ejercicio de las funciones asignadas al agente estatal podrán comprometer su responsabilidad por la vía de la acción de reintegro sólo cuando estén antecedidos en una omisión o extralimitación inexcusable en el ejercicio de sus funciones. Lo inexcusable entonces es una categoría jurídica que exige una especial labor probatoria de la entidad demandante en el juicio de repetición, pues primero no le bastará para salir avante en sus pretensiones probar que el agente estatal incurrió en una omisión o en una extralimitación de sus funciones, sino que además deberá acreditar que fue inexcusable, es decir, que se trató del "*desconocimiento de aquello que ha de saberse por elemental o esencial en el cargo o función que se desempeña*[91]". No es cualquier omisión o extralimitación en el ejercicio de sus funciones la circunstancia constitutiva de una culpa grave en los términos de la Ley 678 de 2001 sino que lo será aquella conducta de aquel agente estatal que omite o se extralimita en sus funciones de forma abiertamente negligente.

Finalmente, no podemos perder de vista las interesantes precisiones que señaló la jurisprudencia frente al análisis de la omisión o extralimitación en el ejercicio de funciones pues en tal sentido, sostuvo[92]:

> Dicho de otra manera, a la hora de definir si un agente estatal obró con dolo o culpa grave, debe tenerse en cuenta como factor para su configuración la "omisión o extralimitación en el ejercicio de sus funciones" a que se refiere el artículo 6 constitucional; así como si se incurre en falta "a los postulados de la buena fe" que establece el artículo 83 superior; o la "infracción manifiesta de un precepto constitucional en detrimento de alguna persona", indicada en el artículo 91 constitucional, y con estos, entre otros, el incumplimiento de las funciones que la ley especial o el reglamento le encargue al respectivo agente, tal como lo prevé el artículo 123 superior.

Por último, frente a las presunciones de culpa grave establecidas inicialmente en el texto del artículo 6 de la Ley 678 de 2001, debemos precisar que el Consejo de Estado[93], recientemente, precisó que la configuración de cualquiera de tales presunciones, no restringen, propiamente, el derecho de defensa del demandado

---

91 "Glosario judicial", Banco de Vocabularios Jurídicos en Argentina, http://vocabularios.saij.gob.ar/portalthes/?task=fetchTerm&arg=160&v=37.

92 Sección Tercera, Subsección "A", Sentencia de 18 de marzo de 2022, Expediente 60.403, C. P. José Roberto Sáchica Méndez.

93 Sección Tercera, Subsección "C", Sentencia de 8 de agosto de 2023, Expediente 51.428, C. P. Guillermo Sánchez Luque.

en la medida en que este puede demostrar perfectamente que su conducta no fue gravemente culposa. En tal sentido, se sostuvo: *"De modo que el juez de la acción de repetición puede estudiar la conducta del agente con el fin de determinar, si no obstante configurarse alguna de las presunciones, el demandado no actúo de forma dolosa o gravemente culposa"*.

CAPÍTULO 3. LA NUEVA VISIÓN SUBJETIVA DEL DOLO Y DE CULPA GRAVE EN LA ACCIÓN DE REPETICIÓN

1. EL ELEMENTO SUBJETIVO EN LA ACCIÓN DE REPETICIÓN

En este capítulo buscamos desarrollar con amplitud el análisis del elemento subjetivo en la acción de repetición que cuenta con un sustento en el artículo 90 superior y en la Ley 678 de 2001. Tal como lo expusimos en el capítulo anterior, el artículo 90 constitucional fijó una regla especial de responsabilidad patrimonial en cabeza de los agentes estatales cuando con su actuar ocasionan un daño que debe indemnizar el Estado, pero la ató a la acreditación de un comportamiento doloso o gravemente culposo atribuible a ese servidor o exservidor oficial.

Se trata entonces de un aspecto que ciertamente resulta complejo a la hora de ser valorado por el juez administrativo, pues la reglamentación de la Ley 678 de 2001, en nuestro criterio, por un lado, no fue lo suficientemente clara en señalar en qué consistían propiamente tales conductas —dolosas o gravemente culposas—, sino que optó por incluir conceptos jurídicos indeterminados que deben ser llenados de contenido por la judicatura y, por otro lado, quiso resolver dicha complejidad con la implementación de presunciones que lejos de dar claridad, en muchos casos, producen el efecto contrario.

Es pues la valoración de la conducta del agente o exagente estatal, un elemento esencial dentro del análisis de la responsabilidad que se discute dentro del juicio de repetición, ya sea a título de dolo como de culpa grave.

La jurisdicción contenciosa administrativa, por su parte, se ha ocupado de decidir dichas acciones de repetición acudiendo a las previsiones de la Ley 678 de 2001 y aplicando los conceptos y presunciones de dolo o de culpa grave allí incluidas, de cierta forma con una visión muy cercana a las instituciones propias del derecho civil[1], con ciertas particularidades propias del derecho público y sin que sea igual a la que se aplica en la legislación civil[2], tal como lo resaltó la Corte Constitucional.

Sin embargo, ese panorama cambió sustancialmente gracias a recientes decisiones de ese mismo alto tribunal[3] que sin rodeos reivindicaron la aplicación plena del principio de culpabilidad, dentro del estudio de la conducta del agente estatal, es decir, implementó como precedente judicial vinculante y obligatorio para el juez de la repetición, establecer si se dan o no los elementos propios del dolo o de la culpa grave a la luz de instituciones propias del derecho sancionatorio —*ius puniendi*— y no del derecho civil —aunque debemos resaltar el avance de la jurisprudencia administrativa en la autonomía e importancia de estos conceptos en las acciones de repetición—.

De este modo, entonces, fue la jurisprudencia constitucional la que precisó, a nuestro juicio acertadamente, una nueva visión avanzada del aspecto subjetivo en el trámite de los juicios de repetición pues ya no podrá ser abordado con la frialdad propia de las instituciones civiles o con las particularidades de la Ley 678 de 2001, sino de forma diferente con un enfoque reforzado que valore realmente el comportamiento humano como lo sostuvo la Corte[4]:

> De esta manera debe la Corte en esta ocasión enfatizar en que, si bien se trata de una acción con la finalidad especifica de reintegrar al patrimonio del Estado lo pagado, ello no conspira con la necesidad de analizar toda la temática que gira a su alrededor con la lupa de tratarse del análisis de una conducta humana reprochable. En esa medida todos los principios que se despliegan en un análisis de conducta son necesaria e imprescindiblemente aplicables.

---

1 Consejo de Estado, Sección Tercera, Sentencia de 4 de diciembre de 2006, Expediente 21.038, C. P. Mauricio Fajardo Gómez; Subsección "B", Sentencia de 28 de octubre de 2019, expediente 63.091, C. P. Martín Bermúdez Muñoz y Subsección "A", Sentencia de 18 de marzo de 2022, Expediente 60.403, C. P. José Roberto Sáchica Méndez.

2 En ese sentido, la jurisprudencia plantea claramente esa diferenciación cuando advierte: *"Dada la evidente naturaleza privada del precepto civil, pues el cuidado de los "negocios" no es propiamente asunto del resorte estatal, cuando se pretende valorar la conducta de un sujeto cualificado como son los agentes estatales, es pertinente confrontarla con los mandatos que la Constitución, la ley, los reglamentos y los manuales le imponían al respectivo agente, a fin de establecer su apego a las normas que lo regían y, de este modo, concluir si se estructuró la culpa grave o el dolo en su actuar"*. Subsección "A", Sentencia de 18 de marzo de 2022, Expediente 60.403, C. P. José Roberto Sáchica Méndez.

3 Sentencia SU-354 de 2020, M.P. Luis Guillermo Guerrero, SU-259 de 2021 M. P. José Fernando Reyes Cuartas y T-008 de 2022, M. P. Jorge Enrique Ibáñez N.

4 Corte Constitucional Colombia, Sentencia SU-259 de 2021 M. P. José Fernando Reyes Cuartas.

Por lo tanto, la conducta del agente o exagente estatal viene a cumplir un papel fundamental en el escenario de la acción de repetición, pues será el centro de atención del elemento del aspecto subjetivo en el que ya se deberán atender valoraciones relacionadas con el conocimiento, la voluntad y el actuar gravemente negligente de aquél. Ahora, ese cambio tiene un impacto también en los deberes que le atañen al juez de la repetición, pues deberá lograr que las disposiciones del artículo 90 de la Constitución y la Ley 678 de 2001 coexistan y se complementen con la inclusión del principio de culpabilidad en el trámite de este especial medio de control. Procederemos entonces a proponer cómo podría lograrse ese objetivo, es decir, que tengan efecto práctico la aplicación de las previsiones de la Ley 678 de 2001 de cara al principio de culpabilidad, propio del derecho sancionatorio.

1.1. LA NUEVA VISIÓN DE LA CULPABILIDAD EN LA ACCIÓN DE REPETICIÓN CON UN ENFOQUE CONSTITUCIONAL

Lo primero que debemos abordar para adentrarnos en el análisis de la culpabilidad en el juicio de repetición concierne con la aplicación del precedente de la Corte Constitucional sobre ese preciso aspecto, pues es por cuenta del reciente alcance fijado por dicha corporación que el aspecto subjetivo de la acción de repetición debe ser estudiado y abordado de una forma diferente por el juez administrativo de tal modo que solo si se aplica ese enfoque, podríamos concluir que el proceso judicial de repetición se ajusta y es respetuoso del marco constitucional vigente.

En este orden de ideas, vamos a traer a colación algunas breves ideas sobre el contenido y el alcance del precedente judicial a la luz de la jurisprudencia de la Corte Constitucional para concluir por qué resulta vinculante y obligatorio para la jurisdicción contenciosa administrativa, que es precisamente la llamada a tramitar y decidir las acciones de repetición que se promuevan en contra de los agentes estatales. Veamos.

1.2.1. DISTINCIÓN ENTRE JURISPRUDENCIA INDICATIVA Y PRECEDENTE JUDICIAL

El autor Diego López Medina hace una distinción fundamental entre estos dos conceptos; por un lado, la jurisprudencia indicativa en la que "se tienden a ignorar criterio de *analogía fáctica* y a concentrarse más bien en la definición de conceptos jurídicos hecha en sentencias anteriores"[5], mientras que, el precedente supone la existencia de "*analogía fáctica* entre casos previamente decididos y casos nuevos

[5] López Medina, Diego Eduardo. *El derecho de los jueces*, (Bogotá D.C.: Legis, 2006), 109.

presentados a la decisión de los jueces"[6]. Así, podríamos sostener que mientras la primera es de utilidad y tiene un fundamento conceptual, por el contrario, la segunda alude a confrontar los hechos del caso fallado anteriormente frente a los hechos del caso nuevo, el cual ata al juez [fuerza gravitacional *prima facie*][7] a menos que por razones suficientes y razonables esté justificado apartarse de la decisión adoptada inicialmente[8]. En palabras de Deik Acostamadiedo[9] quien citó Gascón:

> el precedente es "el criterio jurídico, principio o fundamento que justifica una decisión que es utilizado como una fuente jurídica para resolver casos futuros" (GASCON) que, además, incorpora en su seno los hechos materiales del caso (no su descripción).
>
> (...)
>
> Por todo esto, un modelo de precedente judicial no puede pasar por alto los hechos, ni menospreciarlos. Es así como no puede dársele primacía a las reglas sobre los hechos, ni pueden suprimirse las diferencias relevantes entre los casos hasta homogeneizarlos para poderles propinar un mismo tratamiento (...)

Lo anterior, supone que, si un juez singular o plural le otorga valor vinculante al precedente, lo primero que deba hacer al examinar un asunto es preguntarse si la autoridad judicial que emitió el pronunciamiento anterior lo decidió con una base fáctica o hechos materiales similares. No se trata de exigir que se presenten dos casos idénticos, lo que difícilmente tendría lugar, sino que los hechos relevantes de ambos eventos converjan y, en caso afirmativo, derivar la misma consecuencia jurídica al segundo caso objeto de estudio.

Para mayor claridad al respecto, debe indicarse primero qué se entiende por precedente judicial. Al respecto, resultan ilustrativas las siguientes consideraciones de la Corte Constitucional en la Sentencia T-714 de 2013[10] en la que distinguió entre antecedente jurisprudencial y precedente:

> El antecedente se refiere a una decisión de una controversia anterior a la que se estudia, que puede tener o no algunas similitudes desde el punto de vista fáctico, pero lo más importante es que contiene algunos puntos de Derecho (e.g. conceptos, interpretaciones de preceptos legales, etc.) que guían al juez para resolver el caso objeto de estudio por tanto, los antecedentes tienen un carácter orientador, lo que no significa (a) que no deban ser tenidos en cuenta por el juez a la hora de fallar, y (b) que lo eximan del deber de argumentar las razones para apartarse, en virtud de los

---

6 *Ibidem.*

7 *Ibidem.*

8 *Ibidem.*

9 Deik Acostamadiedo, Carolina, "El precedente contencioso administrativo: Teoría local para determinar y aplicar de manera racional los precedentes de unificación del Consejo de Estado" (Tesis doctoral, Universidad Externado de Colombia, 2016), 330, ss. https://bdigital.uexternado.edu.co/entities/publication/845e3dd9-cc32-4883-98e5-02b18dcb7d5b.

10 Corte Constitucional, Sentencia T-714 de 2013, M. P. Jorge Ignacio Pretelt Chaljub.

principios de transparencia e igualdad. Por su parte, el precedente, por regla general, es aquella sentencia o conjunto de sentencias que presentan similitudes con un caso nuevo objeto de escrutinio en materia de (i) patrones fácticos y (ii) problemas jurídicos, y en las que en su ratio decidendi se ha fijado una regla para resolver la controversia, que sirve también para solucionar el nuevo caso.

1.2.1.1. DIFERENCIACIÓN ENTRE RATIO DECIDENDI, OBITER DICTUM Y DECISUM

Las providencias judiciales como textos que resuelven problemas jurídicos concretos están compuestas de tres partes claramente diferenciables. Así lo ha considerado la Corte Constitucional en una de las sentencias más emblemáticas sobre el particular[11]. Veamos:

> Estos conceptos son formulados de distinta manera y con lenguajes diversos por los autores, lo cual ha generado a veces agudas discusiones conceptuales. Sin embargo, su sentido esencial es relativamente claro: Así, el ***decisum*** es la resolución concreta del caso, esto es, la determinación específica de si el acusado es o no culpable en materia penal, si el demandado debe o no responder en materia civil, si al peticionario el juez le tutela o no su derecho, si la disposición acusada es o no retirada del ordenamiento, etc.
>
> Por su parte, la **ratio dedicendi** es la formulación general, más allá de las particularidades irrelevantes del caso, del principio, regla o razón general que constituyen la base de la decisión judicial específica. Es, si se quiere, el fundamento normativo directo de la parte resolutiva.
>
> En cambio constituye un ***mero dictum***, toda aquella reflexión adelantada por el juez al motivar su fallo, pero que no es necesaria a la decisión, por lo cual son opiniones más o menos incidentales en la argumentación del funcionario.

Por ello, la decisión es siempre concreta, pues resuelve la controversia planteada, la ratio tiene naturaleza mixta porque envuelve tanto los hechos relevantes del caso como la consecuencia jurídica que ata al funcionario judicial y la obiter dicta también puede ser mixta, pero no vincula al funcionario judicial. Esta distinción es relevante porque solo es obligatorio el precedente judicial, esto es, la ratio decidendi. De los otros elementos, es decir, el *decisum* y la *obiter* dicta el enjuiciador podrá prescindir.

---

11 Corte Constitucional, Sentencia SU-047 de 1999, M. P. Carlos Gaviria Díaz.

1.2.1.2. LA OBLIGATORIEDAD DE RESPETAR EL PRECEDENTE JUDICIAL

1.2.1.2.1. LAS RAZONES QUE JUSTIFICAN EL RESPETO DEL PRECEDENTE

Más allá de lo que una lectura llana del artículo 230 de la Constitución Política de 1991 podría suponer sobre el carácter vinculante del precedente, debe indicarse que existen varias razones que en buena medida justifican la obligatoriedad del precedente. Por ejemplo, la Corte Constitucional[12] se ha encargado de enlistar y desarrollar las siguientes razones:

- Optimización del ordenamiento jurídico.
- Unifica el contenido de las expresiones y términos clasificatorios del derecho, eliminando o disminuyendo la vaguedad y la ambigüedad.
- Es un imperativo para la realización del derecho a la igualdad.
- Permite ejercer control sobre la actividad judicial.
- Implica el cumplimiento del imperio de la ley de que trata el artículo 230 de la Constitución Política.
- Desconocerlo puede implicar la comisión del delito de prevaricato, afecta los derechos al debido proceso e igualdad, es una causal especifica de tutela contra providencia y puede significar una falta disciplinaria.

1.2.1.2.2. LA POSIBILIDAD DE APARTARSE DEL PRECEDENTE

Desde luego, el precedente no es un camino de forzosa aceptación en todos los casos y sin excepción alguna, comoquiera que la autoridad judicial podrá apartarse de él siempre que cumpla con las cargas de transparencia y argumentación[13]. La primera supone que la autoridad judicial ponga de presente de forma expresa «de qué precedente se aparta»[14] y la segunda que existan razones suficientemente poderosas para no seguirlo. En palabras de Quinche Ramírez, «no se trata simplemente de diferencias de criterio o de opinión, o de ofrecer argumentos en otro sentido, sino que es necesario demostrar que el precedente anterior no resulta válido, correcto o suficiente, para solucionar el nuevo caso»[15].

---

12 Quinche Ramírez, Manuel Fernando, *El precedente judicial y sus reglas*, tercera edición, (Bogotá: Legis, 2020), 30 y ss.

13 Quinche Ramírez, Manuel Fernando, *El precedente judicial y sus reglas*, 35.

14 *Ibidem*.

15 *Ibidem*, 36.

Sin embargo, es importante distinguir entre la no aplicación de un precedente porque la autoridad judicial estima que existen razones que justifican apartarse de aquellos eventos en los que se reconoce que el precedente sigue siendo relevante y aplicable para otros casos, solo que no existe analogía fáctica entre el caso fallado anteriormente y el caso nuevo pendiente de decidirse. Veamos:

> Este fenómeno explica entonces ciertas técnicas inevitables que modulan la fuerza vinculante de los precedentes: así, en algunos eventos, el juez posterior "distingue" (distinguishing) a fin de mostrar que el nuevo caso es diferente del anterior, por lo cual el precedente mantiene su fuerza vinculante, aunque no es aplicable a ciertas situaciones, similares pero relevantemente distintas, frente a las cuales entra a operar la nueva jurisprudencia.
>
> En otros casos, el tribunal posterior concluye que si bien en apariencia, la *ratio decidendi* del caso anterior parece aplicarse a la nueva situación, en realidad ésta fue formulada de manera muy amplia en el precedente, por lo cual es necesario concluir que algunos de sus apartes constituyen una opinión incidental, que no se encontraba directamente relacionada a la decisión del asunto. **El tribunal precisa entonces la fuerza vinculante del precedente, ya que restringe (*narrowing*) su alcance**. En otras situaciones, la actuación del juez ulterior es contraria y amplía el alcance de una *ratio decidendi* que había sido entendida de manera más restringida.
>
> En otras ocasiones, el tribunal concluye que una misma situación se encuentra gobernada por precedentes encontrados, por lo cual resulta necesario determinar cuál es la doctrina vinculante en la materia.
>
> O, a veces, puede llegar a concluir que un caso resuelto anteriormente no puede tener la autoridad de un precedente por cuanto carece verdaderamente de una *ratio decidendi* **clara. [Subrayado y negrita fuera del texto original].**

De manera que, será necesario identificar con la mayor precisión posible el precedente judicial para hacer un correcto uso de esta técnica y obligación que tienen las autoridades judiciales. En línea con lo anterior, de conformidad con el análisis efectuado por la doctrina[16] se advierte que hay cuatro clases de precedente en la jurisprudencia de la Corte Constitucional. Veamos:

> El precedente aplicable, referido como "aquella sentencia anterior y pertinente cuya ratio conduce a una regla prohibición, orden o autorización, determinante para resolver un caso, dados unos hechos y un problema jurídico, o una cuestión de constitucionalidad específica, semejantes".
>
> El *precedente horizontal*, que obliga al juez, tribunal o Corte a seguir su propia línea decisional, salvo los casos de cambio de legislación, de Constitución o de jurisprudencia. (...).
>
> El *precedente vertical*, cuya existencia implica un límite para el ejercicio de la autonomía judicial, así como el sometimiento de jueces y tribunales a la interpretación vinculante de los tribunales, los órganos de cierre y la Corte Constitucional. (...)

[16] Quinche Ramírez, Manuel Fernando, *El precedente judicial y sus reglas*, 21 y ss.

El *precedente uniforme*, que está vinculado al derecho a la igualdad de trato ante la ley y de trato por parte de las autoridades públicas, especialmente las judiciales.

1.2.1.2.3. LAS SENTENCIAS DE LA CORTE CONSTITUCIONAL SOBRE LA APLICACIÓN DE LA CULPABILIDAD EN EL ANÁLISIS DEL ASPECTO SUBJETIVO DENTRO DEL TRÁMITE DE LA ACCIÓN DE REPETICIÓN

Tal y como se ha desarrollado en esta obra, las Sentencias SU-354 de 2020[17] y SU-259 de 2021[18] de la Corte Constitucional, constituyen un verdadero precedente judicial que fijan el alcance de la aplicación de varias disposiciones de la Ley 678 de 2001, en especial, en lo que concierne con el estudio del dolo o de la culpa grave atribuible a un agente o exagente estatal. De este modo, creemos que los jueces administrativos en sus distintos niveles están llamados a atender y acatar dichas decisiones judiciales al momento de tramitar y decidir las acciones de repetición que se promuevan por parte de las entidades estatales.

1.2. LA CULPABILIDAD EN LA ACCIÓN DE REPETICIÓN

Para referirnos a esa nueva visión de la culpabilidad en la acción de repetición debemos traer a colación un reciente pronunciamiento de la Corte Suprema de Justicia[19] que sostuvo lo siguiente:

> El principio de culpabilidad tiene un sentido amplio y un sentido estricto, pero en ambos casos constituye una garantía constitucional. En sentido amplio, implica que el individuo solo puede ser responsable por sus propios actos (personalidad de las penas). Así mismo, que únicamente puede responder por lo que hace o dejar de hacer, por sus conductas, no por lo que es, su personalidad o sus ideas (derecho penal de acto, no de autor). Además, comporta que la responsabilidad solo surge si se ha actuado con dolo o culpa, más allá de que el resultado le sea causalmente imputable (proscripción de la responsabilidad objetiva.)

Con un claro fundamento constitucional en la dignidad humana y en la igualdad real, el papel que cumple el principio de culpabilidad resulta plenamente aplicable dentro del juicio de repetición, no solo porque desde el mismo artículo 90 superior y las propias disposiciones de la Ley 678 de 2001, se exige la acreditación de una conducta dolosa o gravemente culposa del agente estatal como fuente

17 M. P. Luis Guillermo Guerrero Pérez.

18 M. P. José Fernando Reyes Cuartas.

19 Sala Penal, Sentencia de 22 de febrero de 2023, Expediente 62.542, M. P. Miryam Ávila Roldán.

del daño que indemnizó el Estado, sino porque además ahora se requiere de una valoración judicial del comportamiento de un ser humano —agente oficial— que no se satisface con las previsiones normativas de la precitada Ley 678 de 2001. Así, resulta de altísimo interés citar las consideraciones de la Corte Constitucional[20] cuando sostuvo lo siguiente:

> 73. Para la Corte resulta oportuno destacar que la atribución de responsabilidad de agentes del Estado, cuya fuente tiene origen en el artículo 90, y que involucra por tanto los conceptos culpa grave o dolo, implica una valoración más desde las aristas juspunitivas, sin que obviamente puedan asimilarse en esta sede; lo que se quiere decir es que el avanzar de la dogmática jurídica hacia el esclarecimiento de los conceptos de dolo o culpa de tintes subjetivistas y luego normativistas, obliga el trascender definiciones difícilmente concretables o reconducibles a una idea menos discutible, como lo es la de "buen padre de familia", para ahora decantar las citadas ideas de dolo y culpa en perspectivas que aluden al conocimiento de hechos, voluntad de realizarlos y conciencia de su ilicitud (dolo) o a la realización de comportamientos que trasgreden reglas, por no tener el cuidado debido, en virtud de normas objetivas de comportamiento, o acaso sobre criterios de previsibilidad (imprudencia o culpa).

De este modo, para asegurar el acatamiento de la jurisprudencia constitucional resulta necesario acercarse al estudio de las instituciones especiales del derecho sancionatorio, propio de las *aristas punitivas* para entender de qué modo debe realizarse ese examen de la conducta por parte del juez de la repetición que incluya el análisis de figuras tales como el conocimiento de los hechos, la voluntad de realizarlos, la conciencia de la ilicitud —dolo— o del conocimiento de prever la irregularidad en la que se puede incurrir, el daño que se puede ocasionar y la previsibilidad o no del resultado o la confianza en que lo podía evitar —culpa grave—. La Corte Constitucional[21] fue clara y contundente y así lo dejó sentado cuando concluyó:

> 76. Así las cosas, en el análisis de dolo y culpa en punto de la acción de repetición, debe establecerse la responsabilidad a partir de contenidos de imputación jurídica, que en ese sentido, dejen ver: i) ya la actuación consciente y voluntaria del agente, es decir, con conocimiento de la irregularidad de su comportamiento y con la intención de producir las consecuencias nocivas —actuación dolosa—, o, ii) en su defecto, el actuar que pudo prever la irregularidad en la cual incurriría y el daño que podría ocasionar y aún así no lo hizo o confió imprudentemente en poder evitarlo-actuación gravemente culposa.

---

20 Corte Constitucional Colombia, Sentencia SU-259 de 2021. M. P. José Fernando Reyes Cuartas.

21 *Ibidem*

Así las cosas, el precedente judicial de la Corte intensifica favorablemente el análisis del aspecto subjetivo frente a la conducta del demandado[22] en la acción de repetición, pues, por un lado, le otorga un estándar mayor de protección a la hora de analizar su conducta a efectos de determinar si se reúnen o no las condiciones para encontrar probado el dolo o la culpa grave y, por el otro lado, aumenta justificadamente la carga de la entidad demandante a la hora de elaborar la demanda, quien deberá aportar la argumentación jurídica y las pruebas necesarias para probar el dolo o la culpa grave en las condiciones analizadas, lo que se extiende al juez administrativo a quien le corresponderá valorar ese comportamiento del agente estatal con esos nuevos elementos propios del derecho sancionatorio y ya no solamente con aquellos contenidos en la Ley 678 de 2001 y en las particularidades propias desarrolladas por la jurisprudencia del Consejo de Estado.

Las conclusiones anteriores se sustentan además en el contenido de los artículos 2, 5 y 6 de la Ley 678 de 2001, pues en ninguno de tales preceptos normativos encontramos alusión alguna al principio de culpabilidad dentro del trámite de las acciones de repetición, ni mucho menos referencias al contenido y alcance del dolo —conocimiento y voluntad— o de la culpa grave —conocimiento y previsibilidad— como elemento de esa especialidad responsabilidad patrimonial de los servidores públicos.

Visto lo anterior, la entrada del principio de culpabilidad en los procesos de repetición representa no solo un gran avance en materia de garantías, sino que exige ahora la integración de nuevos elementos de juicio a las demandas, trámites y también a las sentencias que se dicten en esos procesos. El análisis entonces del elemento subjetivo contenido en el artículo 90 de la carta y las previsiones de la Ley 678 de 2001 resultan entonces adicionadas con consideraciones de culpabilidad que no eran propias de los juicios de repetición, pues se atendían ya amparado en las presunciones legales allí dispuestas o con base en la adecuación a las calificaciones genéricas sobre los comportamientos dolosos o gravemente culposos. Con razón, la reciente

---

22 El Consejo de Estado le ha dado claramente un tratamiento de garantía a la valoración calificada de la conducta del agente cuando advirtió: *"Es precisamente en este sentido que la norma (inciso segundo del artículo 90 constitucional) dispuso que la repetición por parte de las entidades estatales respecto de sus funcionarios o exfuncionarios, solo opera en la medida en que se les pueda imputar dolo o culpa grave en su actuar, lo que ofrece garantías a los servidores públicos, ya que se reconoce que no cualquier error en los que estos puedan incurrir, podrá ser fuente suficiente para imputarles responsabilidad patrimonial"*. Sección Tercera, Subsección "A", Sentencia de 18 de marzo de 2022, Expediente 60.403, C. P. José Roberto Sáchica Méndez.

jurisprudencia del Consejo de Estado[23], llamó la atención sobre lo siguiente: *"[e]n efecto, no se trata de que acrediten simplemente un supuesto de derecho, cuya génesis sea vacío o genérico, dado que deberán traer medios de prueba que permitan establecer en forma individual y congruente, el dolo o la culpa grave que se imputa"*.

Es pues sobre dicha novedad, en lo que atañe con la culpabilidad, que recae fundamentalmente esta obra en la medida en que es necesario determinar cuál es la consecuencia jurídica de dicho nuevo imperativo en el estudio del precitado elemento subjetivo dentro de los trámites de las acciones de repetición. Surge entonces la necesidad de establecer qué cambia cuando el juez debe abordar el dolo o la culpa grave en un juicio de repetición de cara al principio de culpabilidad al igual que determinar qué cargas debe asumir la entidad estatal demandante cuando acude ante la judicatura con pretensiones de reintegro.

A partir de lo anterior en la búsqueda de una solución que armonice con la nueva realidad constitucional a la que tanto hemos hecho referencia en esta obra, resulta propositivo postular cómo se debe abordar entonces el análisis del elemento subjetivo en la acción de repetición para lo cual será menester identificar si debe efectuarse a partir de una lectura penal o de otra disciplina, pues la misma Corte fue enfática en precisar lo siguiente:

> [p]ara la Corte resulta oportuno destacar que la atribución de responsabilidad de agentes del Estado, cuya fuente tiene origen en el artículo 90, y que involucra por tanto los conceptos culpa grave o dolo, implica una valoración más desde las aristas iuspunitivas, **sin que obviamente puedan asimilarse en esta sede**[24] (negrillas por fuera del texto original).

Lo que sí está claro entonces a partir del precedente judicial constitucional, es que, en el juicio de repetición, al momento de estudiar el elemento subjetivo del agente estatal, será indispensable apreciar y valorar el dolo o la culpa grave desde aristas del derecho sancionatorio y no simplemente con aquellas que se encuentran simplemente desarrolladas en la Ley 678 de 2001. Sin vacilaciones podemos afirmar entonces que hoy en día no es admisible constitucionalmente que el dolo o la culpa grave en la acción de reintegro se aborde y defina únicamente amparado en las reglas normativas de la precitada disposición, pues tal conclusión contradice, reiteramos, el criterio judicial vinculante de la Corte Constitucional y por lo tanto resultaría contrario a la carta fundamental. Es ya un nuevo elemento que debe incluirse en toda demanda y luego en la sentencia que se dicte en el marco de un juicio de repetición so pena de trasgredir el marco constitucional vigente.

---

23 Sección Tercera, Subsección "A", Sentencia de 18 de marzo de 2022, Expediente 60.403, C. P. José Roberto Sáchica Méndez.

24 Corte Constitucional, Sentencia SU-259 de 2021, M. P. José Fernando Reyes Cuartas.

Por otro lado, abordar el dolo o la culpa grave desde aristas del *ius puniendi*, como lo estableció la Corte Constitucional, exige referirnos a ese concepto, sus manifestaciones y por supuesto identificar qué disciplinas comparten esa misma naturaleza, pues solo de esa forma podremos señalar cuál será el contenido de dichas modalidades de culpabilidad en la acción de repetición. Ahora bien, ¿qué podemos entender por *ius puniendi*? Al respecto, es procedente definirla como la potestad de la que es titular el Estado para investigar e imponer sanciones por la infracción o comisión de conductas por parte de los ciudadanos que se consideren contrarias a derecho[25]. Por su parte, la Corte Suprema de Justicia[26] en el memorable fallo con ponencia del magistrado Manual Gaona Cruz, sostuvo:

> [p]recísase además, a manera de corolario de los presupuestos ya enunciados, que el Derecho Punitivo es una disciplina del orden jurídico que absorbe o recubre como género cinco especies, a saber: el derecho penal delictivo (reato), el derecho contravencional, el derecho disciplinario, el derecho correccional y el derecho de punición por indignidad política (impeachment), y que por lo tanto son comunes y aplicables siempre a todas estas modalidades específicas del derecho punible (...)

1.3. UNA PROPUESTA DESDE EL CONTENIDO DEL DOLO Y LA CULPA GRAVE A PARTIR DE LA CATEGORÍA DE CULPABILIDAD DEL DERECHO DISCIPLINARIO

Del análisis jurisprudencial del Consejo de Estado y de la Corte Constitucional, es claro que, hasta la fecha, existen problemáticas para concebir la correcta aplicación del principio de culpabilidad en el medio de control de repetición. De ahí que, la Ley 678 de 2001, modificada por la Ley 2195 de 2022, no ha sido suficiente para solventar las dificultades que implican la valoración en sede judicial de si la conducta del agente responsable fue cometida a título de dolo o culpa grave. Adicionalmente, aunque la jurisprudencia constitucional[27] avanzó en la fijación y alcance de esa nueva visión, no concretó o señaló específicamente si debía abordarse a la luz del derecho penal o de otra especie del *ius puniendi* lo que resulta interesante y abre paso a la doctrina para proponer fórmulas jurídicas para lograr ese necesario equilibrio que debe existir entre el derecho administrativo y el derecho sancionatorio, pues resulta indudable que confluyen en un mismo punto.

---

25 Corte Constitucional, Sentencia C-030 de 2023, M. P. Juan Carlos Cortés y José Fernando Reyes.

26 Sentencia número 17 del 7 de marzo de 1985, Expediente 1259, Sala Plena.

27 Sentencia SU-259 de 2021.

Sobre el particular, compartimos la postura del Tribunal Constitucional respecto a que el juicio de repetición debe nutrirse del derecho sancionador para implementar presupuestos de culpabilidad que garanticen el derecho de defensa, contradicción, y en general el debido proceso de los sujetos involucrados desde la evaluación del comportamiento humano; sin perder de vista su naturaleza y características principales.

Así, para construir el alcance de la culpa grave y el dolo en el medio de control de repetición resulta esencial observar los siguientes pilares fundamentales: (i) la naturaleza como "acción civil de carácter patrimonial"[28]; (ii) la finalidad de garantizar los principios "de moralidad y eficiencia de la función pública"[29] y "los fines esenciales del Estado"[30]; (iii) la función resarcitoria, disuasiva, y retributiva del instrumento; y (iv) la procedencia excepcional del medio de control ante el comportamiento manifiestamente irregular del agente estatal a partir de *culpas cualificadas* y, como causa eficiente/directa del daño antijurídico.

De los *ítems* referidos, consideramos acertado que el juicio de repetición se fortalezca a través del principio de culpabilidad, aspecto propio del derecho sancionatorio, toda vez que, ante la proscripción de la responsabilidad objetiva, es esta la ciencia jurídica encargada de proveer los insumos necesarios para examinar las conductas humanas desde un enfoque subjetivo, con el fin de respetar el postulado *ius fundamental* de la dignidad y, por supuesto, otras garantías constitucionales de los eventuales demandados.

Al revisar las especies del derecho sancionatorio, observamos que, tanto en el derecho penal como en el disciplinario, la culpa y el dolo son elementos subjetivos de la conducta, los cuales resultan necesarios para la estructuración de la responsabilidad. Incluso, dependiendo de la visión de los esquemas de la *teoría del delito/ilícito*, la concepción de la culpabilidad varía. Veamos:

> [En el esquema clásico], el dolo y la culpa simplemente eran las «formas» de esta categoría y esto correspondía al dato o nexo psicológico que existía entre el autor y el hecho (Agudelo, 2010, pp. 62) [...]
>
> En el esquema neoclásico, la culpabilidad comprenderá la inimputabilidad, la exigibilidad de comportamiento diverso y el dolo o la culpa como parte del dato psíquico que sigue siendo necesario, pero no el único. Por esta razón es que el dolo y la culpa dejan de considerarse simples «formas», «grados», o «especies» de la culpabilidad para pasar a ser propiamente «elementos de la culpabilidad».
>
> A su vez, en el esquema finalista, [...] a partir del concepto de «acción final» se entendió que el dolo y la culpa son modalidades de la conducta o la acción,

28 Art. 2 de la Ley 678 de 2001

29 Art. 3 *ibidem*.

30 Art. 2 de la Constitución Política de Colombia.

> con lo cual dichas modalidades de imputación subjetiva se instalaron en sede de tipicidad, [...][31].

De lo expuesto, dejando de lado la discusión dogmática sobre en qué estadio se ubica la culpabilidad en el derecho penal y en el disciplinario, por cuanto resulta intrascendente para el estudio que proponemos sobre el aspecto subjetivo en la acción de repetición, al no tener como tal un carácter sancionatorio[32], es importante sí destacar la proximidad de la concepción del esquema finalista con lo establecido precisamente en el artículo 90 superior y el artículo 2. ° de la Ley 678 de 2001.

Frente a este punto, consideramos que la acción de repetición concibe el dolo y la culpa grave como modalidades de la conducta a partir de la existencia de una "*acción final*". Exigiéndose entonces delimitar cómo y en qué circunstancias se materializó el comportamiento oficial, y si al individuo le era exigible una actuación diversa, para posteriormente discernir si admite el calificativo de uno de los dos tipos de imputación subjetiva concebidos por el constituyente primario —dolo o culpa grave—.

Ahora bien, revisando la posibilidad de recurrir a los conceptos de dolo y culpa del derecho penal o del derecho disciplinario para resolver las problemáticas estructurales que surgen en el análisis del aspecto subjetivo en el juicio de repetición, evidenciamos que la aplicación del primero resulta improcedente e inconveniente, a diferencia del segundo, en consonancia con sus bases dogmáticas y jurídicas. De los fundamentos de la acción de repetición, tenemos que el constituyente primario edificó la creación de dicho mecanismo a partir de los postulados previstos en los artículos 6, 90, 123 y 124 superiores. Sobre este particular, la Corte Constitucional[33] revisó su naturaleza y señaló lo siguiente:

> 4.1. Como es suficientemente conocido, la Constitución de 1991, a diferencia de la anterior, de manera específica se ocupa de la responsabilidad del Estado y, al efecto, establece en el artículo 90 que el Estado responderá patrimonialmente por los daños antijurídicos que le sean imputables, tanto por la acción como por la omisión de las autoridades públicas.
>
> *Esa norma constitucional* ***guarda estrecha relación con el principio de legalidad de la actuación del Estado, en cuanto conforme al artículo 6 de la Carta, se señala que los servidores públicos son responsables por infracción de la Constitución o de las leyes y por omisión o extralimitación en el ejercicio de sus funciones, responsabilidad que el artículo 124 de la Constitución ordena que se determine por la ley y que sea ésta la que, también, precise la manera de hacerla efectiva***.

---

31 Pinzón Navarrete, John Harvey, *La culpabilidad en el derecho disciplinario.* (Bogotá: Instituto de Estudios del Ministerio Público, 2018), 41-42.

32 Corte Constitucional. Sentencia C-309 de 2002, M. P. Jaime Córdoba Triviño.

33 Corte Constitucional Colombia, Sentencia C-484 de 2002, M. P. Alfredo Beltrán Sierra.

Es claro, entonces, que el sujeto de la imputación de responsabilidad es el Estado, vale decir que no hay responsabilidad subjetiva del servidor público de manera directa con la víctima de su acción u omisión, sino una responsabilidad de carácter institucional que abarca no sólo el ejercicio de la función administrativa, sino todas las actuaciones de todas la autoridades públicas sin importar la rama del poder público a que pertenezcan, lo mismo que cuando se trate de otros órganos autónomos e independientes creados por la Constitución o la ley para el cumplimiento de las demás funciones del Estado.

4.2. Conforme a la naturaleza misma de las cosas, ***el Estado para su actuación requiere de personas naturales, que a él se vinculan en la forma prevista por el legislador para que desempeñen las funciones establecidas en la Carta Política, en la ley o en el reglamento respectivo, bajo el principio rector de que los servidores públicos están al servicio del Estado y de la comunidad, como se establece expresamente por el artículo 123 de la Carta Política.***

Siendo ello así, si por su propia decisión el servidor público opta por actuar en forma abiertamente contraria al ordenamiento jurídico, con la intención positiva de inferir daño a la persona o a la propiedad de alguien, o en atropello y desconocimiento deliberado de sus derechos fundamentales, o incurre en un error de conducta en que no habría incurrido otra persona en el ejercicio de ese cargo, resulta evidente que no desempeña sus funciones de conformidad con la Carta, y en cambio, sí lo hace contrariándola, o quebrantando la ley o el reglamento y en todo caso en perjuicio de los intereses de la comunidad o de sus asociados, y no al servicio sino en perjuicio del Estado.

Eso explica, ***entonces que el artículo 90 de la Constitución Política, en su segundo inciso establezca que si al Estado se le impone condena a la reparación patrimonial por daños antijurídicos causados por servidor público que obra con dolo o culpa grave,*** *deba repetir contra éste en defensa de los intereses generales que se verían seriamente afectados si la comunidad tuviera que soportar la disminución patrimonial que se le ocasiona con la condena y nada pudiera hacer contra el responsable directo y personal que a ella dio origen por su actuar doloso o gravemente culposo* (negrillas fuera de texto).

Conforme a lo expuesto, nótese que el derecho a repetir que se consagra a favor del Estado se fundamenta en que el servidor público, como representante de la organización estatal, debe responder personal y patrimonialmente cuando abiertamente desempeñe incorrectamente o de forma inapropiada sus funciones. En ese sentido, es reforzada la aplicación del principio de responsabilidad en aquellos sujetos, por cuanto resulta procedente cuando al Estado se le impone una condena por los comportamientos dolosos o gravemente culposos a ellos atribuibles. Por ende, ante la disminución o merma patrimonial, es imperativo que el funcionario regrese económicamente *"a las arcas públicas lo pagado por el Estado"*[34].

Del sustento constitucional citado, observamos que la exigibilidad conductual del destinatario en el trámite del juicio de repetición no puede acompasarse

---

34 *Ibidem.*

simplemente con aquel sobre el cual se inspira el derecho penal, pues este se erige como un *"instrumento de reacción frente a las conductas que atentan contra los bienes jurídicos considerados vitales para la convivencia social, y que por ello han sido definidas como delitos"*[35] eventos estos que escapan al espectro estrictamente funcional que es propio del desempeño de las tareas asignadas a los servidores públicos.

Igualmente, la Corte Constitucional, resaltó que el derecho penal *"debe ser un instrumento de última ratio para garantizar la pacífica convivencia de los asociados, previa evaluación de su gravedad y de acuerdo a las circunstancias sociales, políticas, económicas y culturales imperantes en la sociedad en un momento determinado"*[36], fines estos que distan de aquellos que se dan el marco estrictamente funcional que le es propio al de los servidores públicos y particulares que cumplan funciones públicas, dado que estos terminan siendo el instrumento que facilita la obtención de los fines estatales.

De acuerdo con lo anterior, es claro que la responsabilidad penal se sustenta en la necesidad de reaccionar ante conductas que afectan o ponen en riesgo la convivencia del conglomerado general. Por el contrario, atendiendo la naturaleza especial y constitucional de la repetición como "acción civil de carácter patrimonial", aquel responde por las conductas irregulares o arbitrarias de los servidores públicos que generan un daño antijurídico, exigiéndole al destinatario la reparación integral del patrimonio público[37] ante el reconocimiento de una condena previa y necesariamente conectado con el ejercicio de funciones típicamente estatales.

Así las cosas, no creemos del todo acertado sostener que el juez de la repetición se deba ubicar en el derecho penal para llenar de contenido el análisis del aspecto subjetivo —tal como ahora lo exige la jurisprudencia constitucional—, es decir, frente a los conceptos de dolo y culpa que allí se postulan, toda vez que sería extraño e inconveniente calificar la conducta del agente estatal, así como exigirle un comportamiento diverso, a partir de parámetros que le son exigidos a cualquier particular. La posición especial del servidor público muestra una dinámica diferente. No podemos perder de vista la naturaleza *sui generis* del vínculo que el servidor público o el particular cuando ejerce funciones públicas construye con el Estado, como vehículo para la obtención de los fines estatales. Esa relación es diferente a la que existe entre los particulares y la institucionalidad o mejor aún entre

---

35 Posada Maya, Ricardo y Hernández Beltrán, Harold. *El sistema de individualización de la pena en el derecho penal colombiano.* (Bogotá: Universidad Pontificia Bolivariana, 2003), 40.

36 Corte Constitucional Colombia, Sentencia C-365 de 2012, M. P. Jorge Ignacio Pretelt Chaljub.

37 Consejo de Estado, Sección Tercera, Subsección "A", Sentencia de 8 de mayo de 2023, Expediente 66.933, C. P. José Roberto Sáchica Méndez.

aquellas personas que no detentan el poder —particulares— frente a aquellas que sí ejercen atribuciones estatales —agentes oficiales—.

Ahora bien, si se optara por ampliar la interpretación de los artículos 5 y 6 de la Ley 678 de 2001, dentro del juicio de repetición, a través de los títulos de imputación subjetiva del derecho penal, se podría también desconocer que el mecanismo judicial fue creado y legitimado únicamente frente a la conducta oficial que **rebase** la simple infracción del deber objetivo y subjetivo[38] (previsibilidad) de cuidado, categoría subjetiva que es característica del derecho penal, es decir, hay un marco de acción de la culpa grave en la repetición que es extraña y además no alcanza a ser regulada por el concepto y el alcance de la culpa que regula el penal. Es por ello por lo que la procedencia de la acción de repetición no se satisface con la simple identificación de que el funcionario actúe con dolo o con culpa grave, sino que será indispensable que la entidad demandante acredite que *"el daño antijurídico fue consecuencia de la conducta dolosa o gravemente culposa"*[39]. Una lectura rápida y desprevenida de la culpa en el código penal no parece entonces cumplir con el estándar del concepto significativa de culpa grave que empleó el constituyente en el artículo 90 del texto superior.

Desde otra óptica el alcance normativo de la culpa propia del derecho penal —infracción del deber objetivo y subjetivo de cuidado—, tampoco se conecta con el concepto de culpa grave que consagró el precitado artículo 90 de la Constitución de 1991, lo que plantea una situación problemática por el mismo sistema de imputación subjetiva de dicha disciplina en la que no existe una modalidad intermedia entre el dolo y la culpa. Por el contrario, otras especies del *ius puniendi* sí podrían dar luces para resolver esta dificultad con el propósito de ajustarse a la reciente línea jurisprudencial de la Corte Constitucional.

Así las cosas, al avalar la visión de culpabilidad propia del derecho penal dentro del trámite del juicio de repetición, se podría de entrada inobservar que el destinatario de esta, por su condición y las actividades funcionariales que despliega, no podría responder por cualquier desatención, sino sólo ante la comisión de conductas a título de culpa cualificada —grave como la denomina el constituyente—. Por consiguiente, no es casualidad que el artículo 90 de la carta política, expresamente no contemplara la *culpa simple* para la procedencia de la reclamación patrimonial

---

38 Entiéndase como inobservancia del deber subjetivo de cuidado: *"la simple cognoscibilidad; es decir, lo que se conoce como el conocimiento potencial, que desde luego comporta un nivel de inferioridad al conocimiento pleno o actual"*. Pinzón Navarrete, John Harvey, *La culpabilidad en el derecho disciplinario.* (Bogotá: Ed. Instituto de Estudios del Ministerio Público, 2018), 153.

39 Corte Constitucional, Sentencia C-957/14, M. P. Gloria Stella Ortiz Delgado.

a favor de la *institución superior*, sino una diferente, especial, con cierta intensidad de reproche. La misma Corte Constitucional[40], incluso resaltó dicha diferencia cuando sostuvo lo siguiente:

> Así, mientras un agente estatal que no cumple gestión fiscal tiene la garantía y el convencimiento invencible de que su conducta leve o levísima nunca le generará responsabilidad patrimonial, en tanto ella por expresa disposición constitucional se limita sólo a los supuestos de dolo o culpa grave.

Adicionalmente, como se indicó, la culpa propia del derecho penal no reúne las condiciones normativas necesarias para complementarse con aquella grave que es exigida en el artículo 90 de la Constitución de 1991 y que tal y como se sostuvo no se ajusta propiamente a la infracción del deber objetivo y subjetivo de cuidado. Esa diferencia ya coloca una barrera que impide que las figuras de la culpabilidad del penal sean aplicables dentro del trámite de la acción de repetición.

Nosotros, por el contrario, creemos que el derecho disciplinario sí puede responder de mejor manera a esa nueva realidad constitucional cuando se trate del análisis del aspecto subjetivo dentro del juicio de repetición, pues ambas figuras comparten una fundamentación similar porque, aunque no existe una *identidad de causa*[41] *y objeto*[42], ambos instrumentos están delimitados y soportados por el principio de responsabilidad del servidor público (artículo 6 de la Constitución), el cual propende porque las actividades oficiales sean objeto de reproche de manera personal y subjetiva ante la afectación del ejercicio público al igual que se encuentran a la hora de identificar que la fuente inicial de dichas responsabilidades se ubica en los deberes funcionales de los agentes estatales o de los particulares que ejercen funciones públicas. Es pues el incumplimiento de uno o de varios deberes funcionales lo que puede dar lugar al surgimiento de la responsabilidad disciplinaria o de la que regula la repetición.

---

40 Corte Constitucional, Sentencia C-619 de 2002, M. P. Jaime Córdoba Triviño y Rodrigo Escobar Gil.

41 La identidad de causa: *"la misma pretensión, es decir, [...] lo que la autoridad sancionatoria pretende [que] se declare o condene"*. Comisión Nacional de Disciplina Judicial. Sentencia del 2 de marzo de 2022. Rad. 410011102000-2015-00454-01, M. P. Mauricio Fernando Rodríguez Tamayo.

42 La identidad de objeto: *"la correspondencia entre la conducta materia de investigación y sanción, en uno y otro trámite disciplinario"* y causa cuando es la misma *"pretensión, es decir, [...] lo que la autoridad sancionatoria pretende [que] se declare o condene"*. Comisión Nacional de Disciplina Judicial. Sentencia del 2 de marzo de 2022. Rad. 410011102000-2015-00454-01, M. P. Mauricio Fernando Rodríguez Tamayo.

La conclusión anterior, obviamente, no busca desconocer los fines que se persiguen con cada uno de dichos instrumentos, pues mientras la potestad disciplinaria busca sancionar al individuo cualificado —servidor público o particular que cumpla funciones públicas— por realizar un comportamiento que debe superar los estadios de tipicidad, ilicitud sustancial, y culpabilidad; distinto ocurre con el juicio de repetición, que propende por el reembolso del dinero pagado por el Estado producto de una actuación irregular del funcionario que, en todo caso, debe cometerse bajo la modalidad de culpa grave o dolo[43], con una visión distinta y autónoma.

Frente a este punto, en materia disciplinaria, la doctrina ha sustentado que esta expresión sancionatoria interviene como un sistema de control de las funciones y deberes del servidor público para garantizar postulados específicos como "*fidelidad, diligencia, rectitud, subordinación, con el objeto de lograr mayor eficiencia y eficacia en la consecución de los cometidos estatales*"[44]. De la misma forma, podríamos añadir, que el derecho disciplinario también busca asegurar el cumplimiento de los fines estatales que se hallan dispuestos en el artículo 2 de la Constitución de 1991 y para ello, controla el actuar de los servidores públicos, pues de la debida atención de los deberes funcionales asignados a estos dependerá que el Estado obtenga los precitados fines.

Asimismo, del análisis de la relación especial de sujeción, como derrotero originario de la potestad disciplinaria, autores como Molano López, a partir de la posición de Otto Mayer, sustentan que "*la dependencia acentuada de un individuo que se instituye en favor de una determinada administración pública, (...) se justifica en la eficiencia de la función administrativa*"[45].

También, la jurisprudencia constitucional, de la lectura de los artículos 6 y 124 superiores —utilizados igualmente para desarrollar el trámite de repetición—, reconocen la potestad disciplinaria como "*un severo régimen de inhabilidades e incompatibilidades, así como a estrictas reglas de conductas que garanticen la moralidad pública y el ejercicio de las funciones a ellos atribuidas orientado siempre a la defensa del interés general y al cumplimiento de los fines del Estado*"[46].

---

43 Corte Constitucional, Sentencia C-619 de 2002.

44 Isaza Serrano, Carlos Mario, *Teoría general del derecho disciplinario*. (Bogotá: Ed. Temis, 2009), 32.

45 Molano López, Mario Roberto, *Las relaciones especiales de sujeción en el Estado Social*, (Bogotá: Instituto de Estudios del Ministerio Público, 2005), 30.

46 Corte Constitucional, Sentencia C-233, 2002, M. P. Álvaro Tafur Galvis.

Aunado a ello, la Comisión Nacional de Disciplina Judicial, en sede disciplinaria, postuló que en el elemento dogmático de la ilicitud sustancial era procedente revisar si se presentó o no un desconocimiento sobre los fines estatales. Veamos:

> En tal medida, para que la conducta del servidor público sea enjuiciada en sede disciplinaria, debe acreditarse y motivarse por parte del operador disciplinario que la infracción del deber funcional afecte de manera relevante la «buena marcha de la función pública, el cumplimiento de los fines y funciones del Estado y el interés general, aspectos que son precisamente el propósito que persiguen las norma»47. Y los fines son aquellos que se encuentran desarrollados en el artículo 2 de la Constitución Política de 1991. La ilicitud sustancial entonces exige para el juez disciplinario que deba cumplir con el deber de efectuar un juicio de confrontación entre el comportamiento típico desplegado por el servidor público, el o los deberes funcionales incumplidos frente a los fines estatales que no se alcanzaron o se pusieron en riesgo por dicha conducta de forma significativa y relevante[48].

Así, es ineludible que el sustento jurídico del derecho disciplinario y el juicio de repetición son **compatibles**, pues a pesar de las divergencias frente a que el primero es de corte sancionatorio, y el segundo constituye una acción patrimonial con fines retributivos que busca proteger el patrimonio público y la moralidad administrativa[49], en ambos escenarios, son objeto de control las conductas oficiales desplegadas por los sujetos cualificados, quienes representan a la institución estatal y se comprometen a facilitar el logro de los fines constitucionales. Nótese, finalmente que existe entre ambos mecanismos una íntima conexidad frente al cuidado del ejercicio de las funciones públicas, la afectación a los intereses públicos, el despliegue correcto o no de los deberes funcionales que deben atender tanto los servidores públicos como los particulares[50] que ejercen funciones públicas y la responsabilidad derivada de su incumplimiento.

Otro punto esencial y significativo radica en el precedente judicial constitucional vigente que exige ajustar el análisis del aspecto subjetivo de la acción de repetición bajo la égida del principio de culpabilidad, lo que sin dudas incorpora a esta denominada acción patrimonial las instituciones propias de una de las especies del

---

47 *Ibidem.*

48 Comisión Nacional de Disciplina Judicial. Sentencia del 17 de mayo de 2023, 170011020002017 00342, M. P. Mauricio Fernando Rodríguez Tamayo.

49 Consejo de Estado, Sección Tercera, Subsección "A", Sentencia de 8 de mayo de 2023, Expediente 66.933, C. P. José Roberto Sáchica Méndez.

50 Comisión Nacional de Disciplina Judicial. Sentencia del 1 de marzo de 2023, 6800111020002018 00899, M. P. Mauricio Fernando Rodríguez Tamayo. En esta providencia se explica en qué casos y en qué condiciones los particulares pueden ejercer funciones públicas.

ius puniendi del Estado, novedad que no es simplemente estética y que transformó esta figura jurídica para alinderarla con el derecho sancionatorio estatal.

En el campo del derecho disciplinario y de la acción de repetición, se encuentra un factor común que es el eventual incumplimiento de los deberes funcionales asignados a los servidores públicos o a los particulares encargado del ejercicio de funciones públicas, solo que desde el ámbito que se analicen y enjuicien, pueden dar lugar a sanciones disciplinarias o a la imposición al pago de una condena económica. El deber funcional es entonces el tronco común que conecta tanto el derecho disciplinario como la acción de reintegro dispuesta a favor del Estado. Tanto es así que la Ley 678 de 2001 previó en su momento para construir las presunciones allí dispuestas aquellas que surjan de fallos disciplinarios que declaren la responsabilidad de los servidores públicos.

Frente a la finalidad de la acción de repetición, el artículo 3. ° de la Ley 678 de 2001 dispuso que aquel mecanismo judicial "*está orientad[o] a garantizar los principios de moralidad y eficiencia de la función pública*". Igualmente, como se indicó en acápites previos, el Consejo de Estado y la Corte Constitucional llamaron la atención que, en general, cuando la Administración busca la recuperación de una suma de dinero por cuenta de un detrimento causado por el servidor público, indefectiblemente se está censurando que el individuo no cumplió con *"los fines esenciales del Estado"*, los cuales están consignados en el artículo 2. ° de la carta política de 1991. De este modo, es pues una responsabilidad que surge del cumplimiento de deberes funcionales.

Ahora bien, nos preguntamos ¿cuál es el nexo que debe identificar el juez administrativo para luego imponer una condena en contra del Estado por el actuar ilícito de un servidor suyo? No es otro que el cumplimiento de tareas oficiales, pues al final es por el otorgamiento de funciones públicas a ese agente que se involucra al Estado y se le obliga a responder pecuniariamente por los daños que este ocasione. Es pues una responsabilidad estatal que se asume por cuenta de los actos o de las omisiones de los agentes estatales que llegan a desplegar sus tareas precisamente por el vínculo especial que los une y que es diferente a aquel que tienen los particulares con el Estado.

De este modo, desde una simple comparación entre el derecho penal y el disciplinario, tendríamos que el primero responde a una relación general de sujeción a través de la cual se exige que el particular observe un sistema legal que propende por la protección de los bienes jurídicos, mientras que en el segundo se proyecta a través de una relación especial de sujeción, centrada en un sistema de responsabilidad *subjetivo*, que tiene como fin sostener un compendio de *"obligaciones y deberes reforzados de exigencias en búsqueda de su configuración y encauzamiento en el ámbito de la ética de lo público"*[51].

En efecto, es innegable que la cualificación del sujeto y su relación disímil con el Estado son postulados esenciales para el ejercicio de la potestad disciplinaria, aspectos que, aunque son considerados también en algunos casos como para los delitos contra la administración pública, por regla general, no reviste de trascendencia para el ejercicio del sistema de control penal. Es así, como descartamos la posibilidad de revisar el comportamiento público, en sede de repetición, bajo el prisma del sistema criminal, siendo más idóneo y procedente remitirnos a los conceptos de dolo y culpa del derecho disciplinario, pues comparten postulados en función de garantizar el correcto ejercicio de los fines del Estado, amén del fundamento constitucional común que comparten.

Del examen de la función resarcitoria, disuasiva, y retributiva de la acción de repetición, avizoramos una divergencia importante con la sanción disciplinaria, pues aquella se encamina es a un factor de inhibición psicológica para que el funcionario comprenda que no debe cometer un ilícito disciplinario, así como ante el anuncio de consecuencias negativas, el individuo se prevenga de incurrir en faltas disciplinarias futuras[52].

Por el contrario, el instrumento de la repetición persigue es la retribución y el resarcimiento del perjuicio causado, a partir de la conducta oficial cometida a título de dolo o gravemente culposa, que si bien puede ostentar un ingrediente preventivo, la función principal es que el Estado obtenga a través de la jurisdicción de lo contencioso administrativo la recuperación de las sumas que previamente reconoció a un tercero por el incorrecto ejercicio de la actividad pública a cargo de un agente o exagente suyo.

Creemos que echar mano de los insumos de los títulos de imputación subjetiva propios del disciplinario dentro del juicio de repetición permiten abordar un análisis valorativo de la conducta oficial, más afín a uno de los elementos diferenciadores de esta acción resarcitoria sobre la base de que en ambos juicios —disciplinario y repetición— se producen consecuencias jurídicas disímiles justamente por el corte sancionatorio del primero, y del retributivo del segundo.

---

51 Gómez Pavajeau, Carlos Arturo y Molano López, Mario Roberto, *La relación especial de sujeción.* (Bogotá: Universidad Externado de Colombia, 2007), 187.

52 Gómez Pavajeau, Carlos Arturo y Pinzón Navarrete, John Harvey. *Tratado de Derecho Disciplinario.* (2021), 396.

Ahora bien, a la luz de las Sentencias SU-354 de 2020[53] y SU-259 de 2021[54], resulta notorio que la posibilidad de acudir al *ius puniendi* para la aplicación del principio de culpabilidad está limitado en que, no se confunda el objeto, fundamentación, función y características propias del mecanismo judicial, según lo prevé el artículo 90 superior en armonía con las previsiones de la Ley 678 de 2001.

Así las cosas, a pesar de ciertas diferencias que existen en razón a la función y contenido del derecho disciplinario frente al medio de control de repetición, resulta claro que con ocasión a que comparten un sustento jurídico conexo —la relación funciones con el hecho generador de la responsabilidad sea disciplinaria o patrimonial— es plausible concluir que el segundo pueda recurrir a las modalidades subjetivas del primero garantizando las limitaciones que en su oportunidad se previeron en la Constitución Política para el correcto ejercicio de la acción de reembolso.

Por otra parte, de la valoración de la *excepcionalidad* del mecanismo judicial de repetición, la doctrina ha sido reiterativa en sostener que *"no opera frente a cualquier acción que haya sido realizada por un agente estatal y que haya generado un daño jurídico el cual haya debido ser indemnizado por el Estado, sino que sólo opera frente al actuar realizado a título de culpa o dolo"*[55]. Además, en su oportunidad, a partir de los lineamientos del Consejo de Estado, se aclaró que el motivo determinante para que no prosperen las acciones de repetición

> es la ausencia de acreditación de culpa grave o dolo en la conducta realizada por los demandados. Esto se entiende debido a la naturaleza subjetiva de este elemento el cual hace que sea difícil de demostrar especialmente para la mayoría de los casos analizados en los cuales no aplicaron las presunciones que establece la Ley 678 de 2001[56].

En la misma línea, en el estudio de la repetición afortunadamente ya se abandonó la tesis de recurrir a las tipologías de culpa comprendidas en materia civil, pues atentaban contra la dignidad humana y el debido proceso del agente o exagente estatal, por cuanto no existía una efectiva valoración de la conducta desplegada por éste. En buena hora, en la actualidad, con buen criterio, la Corte Constitucional advirtió que era procedente revisar excepcionalmente la conducta del funcionario público a partir de la visión de culpabilidad del derecho sanciona-

---

53 M. P. Luis Guillermo Guerrero Pérez.

54 M. P. José Fernando Reyes Cuartas.

55 Parra Corvacho, Miguel Eduardo, *Estudio sobre la eficacia de la acción de repetición en Colombia: Diagnóstico y propuesta para mejorar su efectividad.* (Bogotá: Universidad de los Andes, 2017), 57.

56 *Ibidem.*

torio, es decir, cada vez más distante de meras presunciones legales que no pueden desconocer ni mucho menos trastocar las garantías de los ciudadanos.

Frente a los aspectos referidos, de la revisión conceptual de los pronunciamientos de la jurisprudencia administrativa, observamos que ante la indeterminación del concepto de culpa grave ofrecido en el artículo 6 original de la Ley 678 de 2001, algunas decisiones tácitamente reforzaron su alcance a través de los ingredientes de la *culpa simple* contemplada en el artículo 23 del Código Penal, esto es: (i) la infracción al deber objetivo de cuidado, y (ii) la mera previsibilidad de la conducta. Sin embargo, como ha sido analizado a lo largo del presente capítulo, consideramos que no es esa la ruta correcta para desarrollar la concepción de los elementos de la culpabilidad (dolo y culpa) en la acción de repetición, pues con ello se compromete la naturaleza y el sustento normativo de aquel mecanismo judicial.

Por lo tanto, acudir a los conceptos de dolo y culpa en materia penal, implica desconocer su carácter excepcional, pues es importante reiterar que su aplicación es residual, es decir, privativamente procede cuando el servidor público o el particular que ejerce funciones públicas actuó en su oportunidad a título de culpa grave y dolo.

En atención a ello, consideramos desatinado equiparar la *culpa simple* con la grave contemplada en el medio de control de la repetición, debido a que la carta política dispuso textualmente la necesidad de reforzar e intensificar el ingrediente subjetivo, acentuándose entonces que el principio de responsabilidad del funcionario atienda a un postulado de categoría estricta e intensa, y con un mínimo de exigibilidad, esto es que la conducta sea gravemente culposa. Por consiguiente, no cualquier inobservancia, descuido o negligencia genera automáticamente la prosperidad de que el Estado vea satisfecho el reembolso de lo inicialmente cancelado. En ese sentido, valiosa y clarificadora resulta ser una importantísima precisión que hizo el Consejo de Estado[57] al momento de referirse al alcance de la culpa grave en la acción de repetición, cuando sostuvo:

> 59. Sobre tal circunstancia, precisa la Sala que el estándar de conducta que autoriza la acción de repetición no se basa sólo en un comportamiento culposo, sino que el constituyente buscó un equilibrio entre el ejercicio eficiente y diligente de la función administrativa, reconociendo que en ella se pueden presentar faltas y equivocaciones, que si bien podrán ser sancionables desde la perspectiva disciplinaria, no constituyen la base del derecho del Estado para acceder válidamente a una acción de repetición, pues en esta materia se exige para su prosperidad, que medie una conducta dolosa o gravemente culposa, calificativos que reflejan

57 Sección Tercera, Subsección "A", Sentencia de 8 de noviembre de 2021, Expediente 58.630, C. P. José Roberto Sáchica Méndez.

una conducta deliberada o de tan alto nivel de descuido, que comprometen personal del servidor público (negrillas por fuera del texto original).

De este modo, la visión que debe tener el juez administrativo frente a la culpa grave en el trámite de la acción de repetición, debe ser totalmente diferente a aquella que surge del derecho penal e incluso de la misma noción que de ella existe en el derecho disciplinario —culpa grave—, pues la calificación y contenido de este concepto exige la acreditación de un comportamiento deliberado y de un alto grado de descuido, es decir, no cualquier negligencia —como es propia de la noción simple de culpa— razón por la cual el constituyente tolera que las conductas descuidadas y las equivocaciones en las que pueda incurrir el servidor público en el ejercicio de sus funciones no caigan dentro del ámbito de acción de la repetición y, por lo tanto, que no comprometan su patrimonio personal. Y esa aceptación implícita de la equivocación —que es usual en todos los seres humanos— se justifica a su vez, por un lado, en la necesidad de mantener un marco de protección personal para los ciudadanos que desean contribuir con su labor al logro de los fines estatales y, por otro lado, para enviar un mensaje a aquellos que asumen deberes oficiales en el sentido de que si con su actuar deliberado y altamente irresponsable con dolo o culpa grave generan daños antijurídicos, se verán eventualmente comprometidos con afectación de su patrimonio personal.

Así, entonces resulta fundamental hacer un llamado a las entidades estatales titulares de la acción de repetición, a la hora de valorar la procedencia o no de iniciar dicho mecanismo procesal, pues la determinación del aspecto subjetivo —dolo o culpa grave— exige de un complejo análisis de todo el contexto de lo que fue el comportamiento del agente estatal en las circunstancias de modo, tiempo y lugar en las que actuó y si en verdad, dirigió su comportamiento a contrariar el ordenamiento jurídico o actuó de forma deliberada o altamente descuidada.

En este orden de ideas, resulta claro que los elementos de culpabilidad del sistema criminal están pensados para responder ante el actuar de cualquier individuo y no propiamente del exigible a los servidores públicos. Por ende, avalar la posición de concebir la culpa grave formalmente, pero materialmente dar aplicación a la *culpa simple* del derecho penal, es poner en riesgo de manera tendenciosa que en casi todos los casos el funcionario público en aplicación de un principio de culpabilidad responda patrimonialmente ante la simple existencia de un daño antijurídico ante cualquier descuidado o a la infracción del deber subjetivo y objetivo de cuidado[58]. La lógica de la acción de repetición es diferente y definitivamente

58 El Consejo de Estado describió ese deber subjetivo y objetivo de cuidado así. *"El primero se refiere a la meticulosidad necesaria que, como dice la disposición, cualquier persona del*

cambió por cuenta de la jurisprudencia de la Corte Constitucional. Ello en gran parte nos motivó a escribir este texto.

Desde una interpretación histórica, avalada incluso por la Corte Constitucional[59] para determinar el sentido de una norma, revisando la exposición de motivos de la Gaceta de la Asamblea Nacional Constituyente n.° 23 se evidencia en la proposición del inicio 2.° del artículo 90 superior lo siguiente:

> [...] la experiencia ha demostrado que, para ser una garantía ciudadana real y efectiva, la responsabilidad patrimonial pública debe radicarse ante todo en cabeza de la persona moral correspondiente. Pero también que, al propio tiempo y al menos para que sirva de talanquera contra **los desmanes e indolencia de los funcionarios del Estado**, es indispensable establecer así mismo, la **responsabilidad personal de éstos**" (negrillas fuera de texto).

En la misma línea, en las Gacetas n. ° 56, 70 y 77, fue conciliado que la responsabilidad patrimonial del servidor público, ante la existencia de un daño antijurídico, se ve comprometida exclusivamente si se acredita que la conducta fue ***"extremadamente"*** negligente o indolente, circunstancia que ratifica que no basta que ocurra con una simple inobservancia de la infracción al deber objetivo y subjetivo de cuidado. Se requerirá entonces de una conducta atribuible que sea relevante, significativa y especial.

Por todo lo anterior, entonces, no creemos procedente atender la excepcionalidad de la repetición a partir de una *culpa simple*, como aquella que está prevista en materia penal, por cuanto se desconocería que la excepción a la regla es exigirle al funcionario público que responda por la infracción de sus deberes funcionales.

Ahora bien, frente al derecho disciplinario, consideramos que la postulación de culpas cualificadas (grave y gravísima) y el dolo en la categoría dogmática de la culpabilidad es un insumo invaluable para conservar el carácter excepcional de la acción de repetición, ya que permite complementar los conceptos adoptados en los artículos 5 y 6 de la Ley 678 de 2001, modificados por los artículos 39 y 40 de la Ley 2195 de 2022.

Lo anterior porque, los elementos de culpabilidad en sede disciplinaria parten de dos vertientes fundamentales, las cuales son compartidas en el juicio de repeti-

---

común tiene en sus actuaciones, no obstante que, sobre esto, ha de valorarse la condición del sujeto disciplinable como servidor público o particular en ejercicio de funciones públicas, y el conocimiento y diligencia que ha de poseer respecto de su función. Y el segundo, se relaciona con la previsibilidad de los acontecimientos derivados de la conducta del sujeto". Sección Segunda, Subsección "A", Sentencia de 23 de junio de 2022, Expediente 1100103250002015004800 00 (1211-2015), C. P. William Hernández Gómez.

59 Corte Constitucional, Sentencia C-461 de 2011, M. P. Juan Carlos Henao Pérez.

ción. Por un lado, la infracción de la actividad oficial/deber funcional que implica una responsabilidad especializada, y por el otro, la valoración exigente de la conducta del funcionario a partir de la existencia de culpas calificadas.

Al respecto, la doctrina nacional postuló en el marco disciplinario que la afectación del deber funcional (objeto valorado[60]) no requiere necesariamente de la verificación de la modalidad de la conducta, pues a partir de la existencia de un sistema de números abiertos o *numerus apertus*[61], la apreciación subjetiva del comportamiento (valoración del objeto) desde el dolo y culpa se materializa como un presupuesto de responsabilidad autónomo[62]. De ahí que, *"el dolo y la culpa no son o no deben ser un aspecto de tipicidad, sino efectivamente un asunto de culpabilidad como categoría dogmática, valorándose en esta sede en qué circunstancias subjetivas fue cometido ese comportamiento"*[63].

Es por ello por lo que creemos que sí resulta procedente recurrir al derecho disciplinario para echar mano a las instituciones del dolo y de la culpa que allí se regulan para hacer incluso más eficiente el aspecto de subjetivo de la repetición, debido a que en ambos escenarios la valoración circunstancial del comportamiento se realiza de manera aislada.

---

60 *"En ese sentido, fácil será comprender que lo que tiene la naturaleza de objeto de valoración es la infracción del deber funcional y no propiamente el dolo o la culpa de esta infracción del deber funcional y no propiamente el dolo o la culpa de esta infracción, porque precisamente estas hacen parte de una de la valoración que se hacen de ese objeto. Dicho de mejor modo: el* ***objeto de conocimiento****, que es lo esencial, y que en este caso es la infracción del deber funcional, no depende de las* ***valoraciones*** *que de él se hagan, las cuales son accidentales, por ser una característica que admite una u otra posibilidad: bien a título de dolo o bien a título de culpa, por la vigencia de los números abiertos"* (negrillas en el texto original). Pinzón Navarrete, John Harvey. *La culpabilidad en el Derecho Disciplinario.* (Bogotá: Instituto de Estudios del Ministerio Público, 2018), 75-76.

61 ¿Qué es el numerus apertus? *"Un sistema genérico de incriminación denominado numerus apertus «en virtud del cual no se señalan específicamente cuales comportamientos requieren para su tipificación ser cometidos con culpa –como sí lo hace la ley penal-, de modo que en principio a toda modalidad dolosa de una falta disciplinaria le corresponderá una de carácter culposo, salvo que sea imposible admitir que el hecho se cometió culposamente como cuando en el tipo se utilizan expresiones tales como "a sabiendas", "de mala fe", "con la intención de" etc. Por tal razón, el sistema de numerus apertus supone igualmente que el fallador es quien debe establecer cuales tipos disciplinarios admiten la modalidad culposa".* Ortegón Garavito, Anny, *Numeros Apertus vs. Principio de Legalidad en Colombia.* (Bogotá: Universidad Militar Nueva Granada, 2015), 154.

62 Pinzón Navarrete, John Harvey. *La culpabilidad en el derecho disciplinario,* 74-75.

63 *Ibidem*, 72.

En consecuencia, reiterándose que la acción de repetición no cuenta con unos presupuestos de responsabilidad sino con unos requisitos de procedencia, del proceso intelectivo de la autoridad judicial resulta evidente que después de confrontarse si la infracción de la función pública fue la causa eficiente y directa del daño antijurídico le corresponde autónomamente emitir un juicio de si el actuar del agente puede ser calificado a título gravemente culposo o doloso, como ocurre en el derecho disciplinario.

Por último, creemos que las diferentes categorías de culpa que aparecen en el derecho disciplinario sí son más afines a aquella que surge del juicio de repetición, en la medida en que existen categorías intermedias entre el dolo y la simple culpa, como es el caso de la culpa gravísima, que veremos más adelante.

1.3.1. LA COMPATIBILIDAD DE LA CULPABILIDAD DISCIPLINARIA EN LA ACCIÓN DE REPETICIÓN

El esquema disciplinario se basa en tres categorías dogmáticas esenciales: (a) tipicidad, (b) ilicitud sustancial, y (c) culpabilidad. Frente a esta última, la doctrina ha precisado que *"el postulado de culpabilidad disciplinaria se ha referido a la exigencia de fundar la responsabilidad única y exclusivamente en el aspecto subjetivo, y no en el objetivo de la conducta del individuo investigado"*[64].

Por su parte, el maestro Gómez Pavajeau, señaló que el servidor público o particular que cumple funciones públicas será responsable disciplinariamente "*en la realización de manera consciente y querida, o de manera culposa del comportamiento activo u omisivo, y no por el mero hecho del efecto causal sin atender la intencionalidad del sujeto disciplinado o la exigibilidad del proceder omitido*"[65].

En la misma línea, se ha entendido por culpabilidad "*el título de imputación subjetiva que proviene del incumplimiento del deber funcional, del ejercicio del cargo o de la prestación del servicio que también es predicable respecto de los particulares destinatarios de la ley disciplinaria*"[66]. Empero, con acertado criterio, autores como Pinzón Navarrete, aclaran que el juicio de culpabilidad debe diferenciar entre la infracción del deber funcional y la infracción al deber objetivo de cuidado. De ahí que, resaltamos las siguientes precisiones:

---

64 Rodríguez Tamayo, Mauricio, *Naturaleza del Derecho Disciplinario. Vicisitudes en la jurisprudencia para su construcción autónoma e independiente en Colombia.* (Bogotá: Ed. Ibáñez), 42.

65 Gómez Pavajeau, Carlos Arturo, *Dogmática del Derecho Disciplinario*, 424.

66 Sánchez Herrera, Esiquio Manuel, *Dogmática practicable del Derecho Disciplinario: preguntas y respuestas.* (Bogotá: Procuraduría General de la Nación, 2005), 197.

> [...] es la complejidad que reviste diferenciar entre la «infracción del deber funcional» y la «infracción del deber objetivo de cuidado», pues en últimas el sujeto disciplinable material y jurídicamente comete una sola infracción: esto es, se desconoce el régimen de inhabilidades, se incurre en una prohibición, se extralimita en una función o comete una conducta que se encuadra en alguna de las faltas gravísimas establecidas en el Código General Disciplinario.
>
> Así, y siendo la «infracción del deber funcional» y la «infracción del deber objetivo de cuidado» dos elementos diferenciables dentro de la estructura de la responsabilidad (la primera ubicable en las categoría que conforman el ilícito y la otra propiamente en la culpabilidad), forzoso es concluir que la «infracción del deber objetivo de cuidado» no puede ser la misma «infracción del deber funcional» en su sentido puramente objetivo, ya que ello implicaría una estructura dogmática, únicamente compuesta de las categorías de la tipicidad y la ilicitud disciplinaria, dejando por fuera a la culpabilidad.
>
> Y una tercera cuestión a tener en cuenta es que puede dar el siguiente fenómeno: se puede infringir el deber funcional sin que se infrinja el deber objetivo de cuidado. Dicha en otras palabras: se puede desconocer el deber funcional «sin culpa»; esto es, se puede infringir «sin culpabilidad».
>
> Entonces la infracción del deber objetivo de cuidado debe implicar algo más que el solo desconocimiento del deber funcional, de donde se dirá lo siguiente: la infracción al deber objetivo de cuidado siempre presupondrá la infracción del deber funcional, pero no toda infracción del deber funcional afirmará del deber funcional, pero no toda infracción del deber funcional afirmará siempre la infracción al deber objetivo de cuidado.
>
> Por ello, la culpa como «forma — elemento» de la culpabilidad es una valoración o juicio de reproche que la autoridad disciplinaria debe hacer respecto de la conducta acometida por el sujeto (infracción al deber funcional), la cual debe implicar la demostración de los elementos que la conforman, entre ellos la infracción al deber objetivo de cuidado, para así satisfacer el principio de que para poder sancionar toda falta disciplinaria ella debió ser cometida con «culpabilidad»[67].

Hecho el recuento anterior, salta a la vista que el juicio de valoración de la culpabilidad se realiza después de la corroboración de una infracción del deber funcional; sin embargo, es la revisión del "cómo" se cometió el ilícito y "qué" posibilidades tenía el sujeto en cuestiones de exigibilidad, los postulados **iniciales** que deben superarse para sustentar la declaratoria de responsabilidad.

Así, como fue referido en líneas anteriores, lo trascendente en el estadio de la culpabilidad disciplinaria no es el *objeto valorado,* es decir, la infracción del deber funcional, sino la *valoración del objeto,* lo cual corresponde a la apreciación psicológica —normativa del nexo entre el sujeto y los hechos jurídicamente relevantes—. De la claridad conceptual requerida para dar cumplimiento a los presupuestos psicológicos y normativos en sede de culpabilidad, el intérprete debe partir de

[67] Pinzón Navarrete, John Harvey. *La culpabilidad en el derecho disciplinario,* 152.

dos cuestiones fundamentales para valorar si el comportamiento fue cometido a título doloso y culposo. Veamos:

a.- El análisis de la culpabilidad no solo se limita a «escoger» una de dos posibilidades (dolo o culpa), sino que se debe explicar, argumentar y razonar cuáles son las pruebas que nos permiten señalar que la falta disciplinaria «fue cometida» a título de dolo o a título de culpa. Entre «escoger o calificar algo» a decir, desde el punto de las pruebas, «cómo y en qué circunstancias sucedió ese algo» hay una enorme diferencia que puede incidir en el correcto entendimiento de la culpabilidad.

b.- La explicación, argumentación y razonamiento de las pruebas del dolo o la culpa de la falta cometida es algo necesario pero no suficiente. Se debe, adicionalmente, sustentar si en el respectivo caso al individuo le era exigible un comportamiento diverso, para llegar a la conclusión de que el sujeto sí podía y tenía reales posibilidades de no haber infringido su deber funcional68.

Dicho de otro modo, es pertinente rememorar que la calificación de la conducta no es un aspecto meramente formal para dar cumplimiento al elemento de la culpabilidad, sino que es pertinente basar la configuración de la categoría a partir de lo que se entiende como un *juicio de poder y deber*, el cual se centra en el estudio de la infracción de la actividad oficial desde una verificación de ese *"poder haber obrado y no poder obrado"* y el *"deber de obrar y cómo debió obrar"*.

También, es allí, donde se llama la atención del juzgador para que, a través de la construcción dogmática del dolo y la culpa, como formas de imputación subjetiva, sean entendidas axiológicamente como expresiones o cualificaciones del desvalor de acción. En tal virtud, creemos que el juez debe tener en consideración como bases esenciales para la correcta aplicación de la culpabilidad disciplinaria lo siguiente:

- Valoración del objeto, en término de juicio de poder.
- Valoración que se hace del desvalor de acción o de conducta: esto es, si se cometió a título de dolo o de culpa.
- Sin duda alguna, el dolo o la culpa son elementos subjetivos, pero, siendo valoraciones de un preciso objeto (desvalor de acción), deben estar en un diferente nivel de análisis.

Aquí se debe verificar si la inobservancia de la norma subjetiva de determinación se dio por dolo o culpa. (Teoría de los números abiertos).

- El desvalor de acción que es subjetivo no solo está sometido a una valoración subjetiva, en términos de dolo o culpa. Ese desvalor de acción también está sometido a una valoración (juicio de reproche) que es objetiva: la exigibilidad de otra conducta69.

68 *Ibidem*, 93.

69 *Ibidem*, 89.

Del entendimiento de los axiomas propios de la culpabilidad disciplinaria, vemos que se ratifica que sus alcances no impiden su remisión al campo de la acción de repetición, pues obsérvese que, en ambos escenarios, la valoración proviene de un comportamiento oficial del que es procedente verificar si se cumplen con los elementos subjetivos de dolo o culpa, es decir, valorar una conducta humana del agente estatal en un contexto específico.

Por lo tanto, creemos que resulta acertado aplicar los aspectos de la culpabilidad disciplinaria en sede de repetición, pues en estricta observancia del inciso segundo del artículo 90 superior, se mantiene como postulado *ius fundamental* que la mera infracción de una función pública como hecho generador del daño antijurídico no basta para declarar responsable patrimonialmente al servidor público, no es pues ante cualquier descuido o negligencia, como aquí ampliamente se ha estudiado.

Entonces, al momento de calificar la modalidad subjetiva en la que se cometió la conducta, el juez de la repetición obligatoriamente debe emitir un juicio de apreciación a partir del desvalor de la actividad oficial —conducta que causó la condena al Estado—, según las concepciones de dolo y la culpa propias del derecho disciplinario, así como es necesario ponderar la exigibilidad de otra conducta para completar dicho análisis.

Ahora bien, fijados los criterios básicos para una correcta valoración de la culpabilidad, tenemos que la potestad disciplinaria en el Código General Disciplinario plantea unos mínimos conductuales para la actualización de la responsabilidad disciplinaria.

Así, desde el contenido del artículo 29 de la Ley 1952 de 2019, se planteó que el individuo cualificado —servidor público o particular que ejerce funciones públicas— responde únicamente cuando está acreditado que la infracción al deber funcional se subsume en culpa grave o gravísima, pues el legislador dispuso que *"[l]a culpa leve no será sancionable en materia disciplinaria"*.

De acuerdo con lo anterior, encontramos que la estructura de la culpabilidad, en todo caso, exige que el comportamiento desde la valoración psicológica y normativa sea eminentemente cualificado. Obsérvese, que, frente a la culpa, se requiere de: (i) *"la infracción al deber objetivo de cuidado* ***funcionalmente exigible****"* (negrillas fuera de texto), y que el individuo (ii) *"debió haberla previsto por ser previsible o habiéndola previsto confío en poder evitarla"*.

* Profesor de Derecho Civil, Pontificia Universidad Católica de Chile.

También, debe evaluarse si las circunstancias en las que se desplegó la conducta oficial inobservaron *"el cuidado necesario que cualquier persona del común imprime a sus actuaciones"* (culpa grave), o, si la infracción del deber funcional se dio por *"ignorancia supina, desatención elemental o violación manifiesta de reglas de obligatorio cumplimiento"* (culpa gravísima), comportamientos propios de la culpa gravísima, diferente y cualificada.

Igualmente, el dolo en materia disciplinaria está inclinado a la actividad funcional, eje también principal de la acción de repetición. El artículo 28 *ejusdem* postuló que la valoración de la conducta exige que el individuo (i) conozca de los hechos de la falta disciplinaria, (ii) conozca de su ilicitud, lo cual se reduce a la infracción del deber funcional, y (iii) que se cuente con el elemento volitivo, es decir, con voluntad de desplegar el comportamiento prohibido.

Desde otra óptica, observamos desde la lectura exegética de la norma, que la valoración de la conducta se centra en dos culpas de naturaleza cualificada, es decir, se exige un desvalor adicional del comportamiento que la simple inobservancia del deber objetivo y subjetivo de cuidado que no cumplen con su actualización[70]. Asimismo, en el dolo, es reforzada la cognoscibilidad, pues no solo se exige un entendimiento de los hechos censurados, sino que además se debe acreditar si el agente conocía que estaba infringiendo las finalidades de la función pública a su cargo. Por varias razones adicionales se afirma que el dolo en materia disciplinaria es aún más garantista que aquel que le es propio al derecho penal.

Así las cosas, tenemos que estas concepciones no se alejan del medio de control de repetición, sino todo lo contrario, refuerzan la postura de que una mera negligencia del agente responsable no puede acarrear una responsabilidad patrimonial con fines retributivos[71], lo que se acerca más a una modalidad subjetiva de culpa especial y diferente a la simple infracción al deber objetivo y subjetivo de cuidado. En este punto insistimos en que no es ante el simple descuido o negligencia que se puede imputar la culpa grave en la acción de repetición, sino ante comportamientos deliberados y altamente descuidados[72].

En suma, es claro que la visión de la culpabilidad disciplinaria se acompasa más con los títulos subjetivos contemplados en la acción de repetición, teniendo que destacar que no cualquier desidia, negligencia o descuido por parte del agente estatal implica que sea responsable patrimonialmente. Al contrario, partiendo de

---

70 Consejo de Estado, Sección Tercera, Subsección "A", Sentencia de 8 de noviembre de 2021, Expediente 58.630, C. P. José Roberto Sáchica Méndez.

71 *Ibidem.*

72 Consejo de Estado, Sección Tercera, Subsección "A", Sentencia de 8 de mayo de 2023, Expediente 68.250, C. P. José Roberto Sáchica Méndez.

un esquema de grados de culpa, se exige entonces un juicio adicional e intenso de la infracción objetiva y subjetiva de cuidado para determinar la culpa grave que exige el artículo 90 de la carta política, y en el dolo, un conocimiento extra de los hechos, esto es que el agente conozca circunstancialmente que su actuar está desconociendo el correcto ejercicio de la función pública.

1.4. LA COEXISTENCIA DE LAS DEFINICIONES DE DOLO Y CULPA GRAVE DE LA LEY 678 DE 2001 Y LA APLICACIÓN DEL PRINCIPIO DE CULPABILIDAD EN MATERIA DISCIPLINARIA

Al evidenciarse la alta compatibilidad entre el derecho disciplinario y el medio de control de repetición, en atención al principio de culpabilidad, a continuación, será abordado el análisis subjetivo de la categoría desde los requisitos de procedencia de la acción de repetición, revisándose específicamente: (i) la culpa grave, (ii) la culpa gravísima, y (iii) el dolo. Para así, delimitar si los presupuestos desarrollados en materia disciplinaria pueden armonizarse y aplicarse de la mano de lo dispuesto en los artículos 5 y 6 de la Ley 678 de 2001, respetando por supuesto las limitaciones impuestas por la jurisprudencia constitucional.

1.4.1. LAS DIFICULTADES CONCEPTUALES PARA ACUDIR A LA CULPA GRAVE DISCIPLINARIA EN SEDE DE REPETICIÓN

El artículo 29 del Código General Disciplinario, modificado por el artículo 4. ° de la Ley 2094 de 2021, estableció que en materia disciplinaria son sancionables las faltas cometidas a título de culpa grave y gravísima. Así, además, de contemplar expresamente la existencia de un esquema gradual de culpas, el legislador descartó la declaratoria de responsabilidad, cuando pese a la infracción de deberes funcionales el comportamiento es calificado como culpa leve, tal como se precisó líneas atrás.

Por otro lado, señalamos que la infracción al deber objetivo y subjetivo de cuidado, como ingrediente de la culpa, se predica sobre las actividades funcionariales, y no sobre otros hechos que podrían incluirse en los hechos jurídicamente relevantes[73]. También, reiteramos que es necesario en el juicio de valoración que

[73] Comisión Nacional de Disciplina Judicial, Sentencia del 22 de septiembre de 2021, radicado nro. 110011102000 2019 00475 01 M. P. Mauricio Fernando Rodríguez Tamayo. Esta posición fue reiterada en Comisión Nacional de Disciplina Judicial, Sentencia del 15 de marzo de 2023, radicado nro. 500011102000 2018 00678 01, M. P. Mauricio Fernando Rodríguez Tamayo.

se contemple la *previsibilidad* como presupuesto cofundante de la culpa, lo cual constituye básicamente la infracción del deber subjetivo de cuidado. Frente a la *previsibilidad*, ante lo confuso que podría ser su aplicación, y ponderando su divergencia con el sistema de control penal, consideramos que su concepción debe estar precedida del siguiente razonamiento:

> (...) la previsibilidad no debe ser entendida como el haberse previsto y representado las probables consecuencias y dimensiones de la conducta disciplinaria, concepto propio del dolo eventual que por excepción se estima procedente en el campo disciplinario, sino más bien como la simple cognoscibilidad, es decir, lo que se conoce como el **conocimiento potencial**, que desde luego comporta un **nivel de inferioridad al conocimiento pleno o actual**. Dicho de mejor modo, la potencialidad del poder el sujeto que su conducta constituye algo irregular[74] (negrillas fuera de texto).

Una lectura entonces de lo trascrito nos muestra que al entrar a revisar la cognoscibilidad del agente sobre el comportamiento objeto de censura conducta— tal análisis no constituye en sí un aspecto propio del dolo. Por el contrario, al calificar la infracción a título de culpa, le corresponde también al juzgador discernir si en efecto conocía que continuar ejerciendo incorrectamente una actividad oficial **podría** constituir una irregularidad. Siendo entonces censurable que el individuo cualificado no prevea que su comportamiento podría ser errado o arbitrario.

Aclarado lo anterior, tenemos que la existencia de un conocimiento potencial en la culpa no constituye un obstáculo para su aplicación en sede de repetición, en atención a lo dispuesto en el artículo 6.° de la Ley 678 de 2001. Nótese que cuando es revisado si el comportamiento funcional fue la causa eficiente y directa del daño antijurídico, indirectamente el sujeto activo de la *litis* en el libelo genitor debe diferenciar si el agente responsable pudo prever que estaría causando un perjuicio irresistible sobre un tercero.

Ahora bien, de las modalidades de la culpa, encontramos que desde la Ley 734 de 2002 hasta la Ley 1952 de 2019, a diferencia de la Ley 200 de 1995, fue introducida la cualificación de la culpa. En efecto, se estableció que la culpa podría ser grave o gravísima conforme a un análisis adicional para su configuración. Es así como en el Código General Disciplinario se contemplaron dos fases de valoración para concluir que es procedente declarar disciplinariamente a un servidor público o al particular que ejerce funciones públicas.

Para ello, a partir de lo dispuesto en el artículo 29 de la ley 1952 de 2019, la apreciación de la culpa previó dos esquemas sucesivos: (i) comprobar la infracción del deber objetivo y subjetivo de cuidado desde lo funcionarial; y (ii) discernir si el

---

74 Pinzón Navarrete, John Harvey. *La culpabilidad en el derecho disciplinario,* 153.

funcionario *"incurrió en falta disciplinaria por la inobservancia del cuidado necesario que cualquier persona del común imprime a sus actuaciones"* —culpa grave—, o si el individuo incurrió en el tipo disciplinario *"por ignorancia supina, desatención elemental o violación manifiesta de reglas de obligatorio cumplimiento"* —culpa gravísima—.

Y respecto a la culpa grave, materia de desarrollo en el presente acápite, inicialmente se observa un contrasentido por parte del legislador cuando postuló que el nexo psicológico del agente debe apreciarse a partir de un cuidado necesario que cualquier persona del común, debe imprimirles a sus actuaciones.

Al respecto, según la categoría dogmática de la relación especial de sujeción (artículo 6 de la carta política), y la fundamentación de la potestad disciplinaria como respuesta de la infracción de un deber funcional, consideramos que la lectura del articulado debe ser revisado a partir de que el individuo inobservó el cuidado necesario que **cualquier otro funcionario público** le debe imprimir a sus atribuciones funcionales. El comportamiento no puede ser comparado entre el servidor estatal y el de cualquier otro particular. El contraste debe ser entre iguales, más aún si se trata de conductas que se dan en un contexto específico que es en el desarrollo o en el cumplimiento de deberes funcionales. De no ser así, no tendría sentido hacer la distinción de culpa grave con una *culpa simple*, aplicada en materia penal.

En la práctica, el Consejo de Estado ha compartido esta lectura, precisando que la inobservancia del cuidado necesario del servidor público debe equiparse con otros funcionarios de similares condiciones, partiéndose de la base de unos conocimientos mínimos. Veamos:

> Lo anterior, por cuanto el actor era contador y, como tal, tenía conocimiento de sus funciones de pagador de la Institución Educativa y de la importancia de llevar los libros contables de manera organizada y completa. Así las cosas, encuentra la Sala que la conducta del actor que resulta reprochable en esta instancia se configura dentro de una culpa grave, toda vez que al estar bajo las funciones de auxiliar administrativo y pagador de la Institución Educativa Agroecológica Atrato de Lloró actuó sin el cuidado necesario que le correspondía, atendiendo, además, a la función especial que desarrollaba con los recursos públicos pertenecientes a la educación, estando en la obligación de llevar a cabo, correctamente los libros de contabilidad de los que era responsable[75].

Igualmente, la alta Corporación frente al alcance de la culpa grave sostuvo lo siguiente:

> Este tipo de imprudencia, cuyo nivel de cuidado también se expresa estandarizado, teniendo como modelo a un hombre prudente, se presenta cuando se

75 Sección Segunda, Subsección "A". Sentencia del 30 de septiembre de 2021, radicado n.º 27001-23-33-000-2013-00307-01 (2118-15). C. P. Rafael Francisco Suárez Varón.

> ha prescindido, "de manera no elemental, de la moderación y el buen juicio que normalmente suelen conducir al bien y evitar el mal [...]. Pero, como se trata de la diligencia en el cumplimiento de las funciones públicas o en el ejercicio profesional, **el homúnculo "persona del común" tiene que ser entendido como la persona sujeta a la especial relación especial de sujeción de que se trate, no especificada ni por funciones ni por jerarquías, en términos generales del hombre medio de la administración pública —servidor o particular— o de la profesión intervenida**, pues tal modalidad de culpa "existe cuando el agente ha omitido la diligencia media acostumbrada en una esfera especial de actividad[76] (negrillas fuera de texto).

En síntesis, es claro que la inobservancia del cuidado necesario, como criterio adicional para la configuración de la culpa grave, debe confrontarse a partir de las posibilidades que cualquier servidor público tendría para evitar la irregularidad endilgada en ese mismo contexto. Sin embargo, también resulta procedente en la apreciación subjetiva de la conducta valorar los conocimientos básicos del sujeto cualificado, para posteriormente evaluar si en las mismas circunstancias otro servidor oficial actuaría de manera precavida o diferente.

La precisión anterior resulta significativa a la hora de estudiar dicha situación en el marco de la acción de repetición, pues en algunos casos para los servidores públicos se exige de cierta pericia, experiencia o cierta idoneidad profesional, como sería para acceder a ciertos cargos de carrera administrativa a diferencia de otros que no contienen dichos requerimientos, como sería, por ejemplo, para los cargos de elección popular. De esta manera, el baremo para establecer el parámetro de comparación, necesariamente, debe ser distinto y el juez administrativo no puede escapar a esta realidad.

De lo expuesto, tenemos entonces que la simple desatención, sustancialmente distinta a la *elemental* —propia de la culpa gravísima—, se funda en la corroboración de que el comportamiento del agente prescindió de un buen juicio para realizar correctamente los deberes funcionales a su cargo y evitar el desconocimiento de las disposiciones aplicables. Sin embargo, básicamente el proceso intelectivo parte de la comparación de si el cuidado del funcionario podría asimilarse al de otros sujetos cualificados que podrían estar en una situación similar o el grado de complejidad en la que se desplegó la conducta que dio lugar a la condena en contra del Estado por la ocurrencia de un daño antijurídico a un tercero.

En este orden de ideas, desde un análisis crítico, con el objeto de fomentar una visión coherente del ingrediente subjetivo en el medio de control de repetición,

---

[76] Sección Segunda, Subsección "A". Sentencia del 31 de octubre de 2019, radicado n.° 66001-23-33-000-2014-00254-01 (1249-2017). C. P. William Hernández Gómez.

surge el siguiente interrogante: ¿el alcance de la culpa grave en sede disciplinaria se acompasa con el título subjetivo propuesto en el trámite de repetición?

Creemos, que la respuesta al problema jurídico planteado es sencilla: el concepto de la culpa grave, aplicada en el derecho disciplinario, no se ajusta a los requisitos que se exigen en la repetición. Así, del alcance de la culpa grave, encontramos que el presupuesto atinente a *"la inobservancia del cuidado necesario que cualquier persona del común imprime a sus actuaciones"* realmente es una visión calcada o si se quiere bastante similar a la culpa leve que trae consigo el artículo 63 del Código Civil, lectura que ya no tiene eco en la actualidad, como con total claridad lo puso de presente la Corte Constitucional[77]. Puntualmente, el precepto normativo civil dispone lo siguiente:

> [...] Culpa leve, descuido leve, descuido ligero, es la falta de aquella diligencia y cuidado que los hombres emplean ordinariamente en sus negocios propios. Culpa o descuido, sin otra calificación, significa culpa o descuido leve. Esta especie de culpa se opone a la diligencia o cuidado ordinario o mediano (negrillas fuera de texto)

Al respecto, en vigencia de la Ley 734 de 2002, la jurisprudencia administrativa de lo contencioso administrativo hizo una equiparación de grados de culpabilidad entre el derecho disciplinario y el derecho civil, aclarando que, a pesar de sus diferencias en la apreciación del comportamiento, podrían llegar asimilarse de la siguiente forma:

> Un análisis de las dos normas anteriores nos arroja las siguientes equivalencias:

Código Civil	***Código Disciplinario***
Culpa grave	*Culpa gravísima*
Culpa leve	*Culpa grave*
Culpa levísima	*Culpa leve*

> [...] la culpa grave en materia disciplinaria es la que corresponde con la culpa leve del derecho civil. Si ello es así, la culpa grave sería «la falta de aquella diligencia y cuidado que los hombres emplean ordinariamente en sus negocios propios». Desde una perspectiva de lo que no es, la culpa grave, según el derecho civil, sería la que «se opone a la diligencia o cuidado ordinario o mediano». En el derecho disciplinario dicha idea se expresa en términos de la inobservancia del cuidado necesario que cualquier persona del común imprime a sus actuaciones78.

[77] Sentencia SU-459 de 2021, M. P. José Fernando Reyes Cuartas.

[78] Sección Segunda, Subsección "A". Sentencia del 31 de octubre de 2019, radicado n.° 66001-23-33-000-2014-00254-01 (1249-2017). C. P. William Hernández Gómez.

Conforme a lo anterior, consideramos que, aunque es un avance significativo incluir en la acción de repetición la valoración de si el agente infringió el deber objetivo y subjetivo de cuidado, lo cierto es que equiparar lo que podría entenderse como culpa leve en materia civil a una gravemente culposa es incurrir en un retroceso que choca ostensiblemente con la aplicación del principio de culpabilidad dentro de la acción de repetición, tal como hoy la exige la jurisprudencia constitucional cuyo precedente es obligatorio para todos los jueces de la república e incluso para la propia administración pública[79], titular del mecanismo procesal de la repetición.

En ese sentido, es pertinente reflexionar que realmente adoptar el contenido de la culpa grave disciplinaria en aquel mecanismo judicial —repetición—, más allá de que ostenten la misma connotación desde lo legislativo, a nuestro parecer contraría la intención del constituyente primario que sí quiso diferenciar esa modalidad subjetiva de culpabilidad, como ampliamente se explicó en este texto.

Al respecto, no podemos dejar de lado que en la exposición de motivos del inciso 2. ° del artículo 90 superior se pretendió únicamente hacer responsable patrimonialmente al servidor público, en el caso de la culpa grave, cuando su actuar sea manifiestamente negligente o descuidado[80]. De ahí que, postular una tesis en la que una de las fases de valoración subjetiva del comportamiento se exija un simple descuido o negligencia en comparación con el de cualquier servidor público ordinario es omitir frontalmente la cualificación e intensidad de la culpa exigida en función de la acción retributiva.

Frente a este punto, no puede perderse de vista que la procedencia de la acción de repetición es excepcional. Por ende, si bien es cierto que la culpa grave en materia disciplinaria, en la primera fase, valora el comportamiento funcional desde el postulado *ius fundamental* de la dignidad, también lo es que la exigibilidad de otra conducta, a partir de una equiparación de un mero descuido funcionarial, trae consigo el riesgo de que ante cualquier daño antijurídico el agente estatal —servidor público o particular que ejerce funciones públicas— a cargo deba responder patrimonialmente.

Desde la evaluación de eficiencia del medio de control, contemplar un simple descuido como una conducta gravemente culposa en sede de repetición es un acierto para la procedencia del mecanismo judicial en *pro* de las finanzas públicas, pero jamás en consonancia con la garantía constitucional que surge del contenido mismo del artículo 90 del texto superior y de la propia jurisprudencia constitucional y administrativa. No obstante, en garantía de la dignidad humana del servidor

---

79 Corte Constitucional, Sentencia C-634 de 2011, M. P. Luis Ernesto Vargas Silva.

80 Consejo de Estado, Sección Tercera, Subsección "A", Sentencia de 8 de noviembre de 2021, Expediente 58.630, C. P. José Roberto Sáchica Méndez.

público, se desconocería esa previsibilidad intensificada frente a la repercusión y trascendencia de las actividades a su cargo en clara contravía a la voluntad expresa del constituyente de 1991 que reiteramos cerró el campo de la aplicación y procedencia de la repetición sólo ante acciones u omisiones simplemente descuidadas o negligentes atribuibles a los agentes estatales.

Por otro lado, aunque alguna corriente académica podría sustentar razonablemente que sí es posible asimilar la culpa grave en el trámite de repetición con la dispuesta en el régimen disciplinario del servidor público ante la infracción del deber objetivo y subjetivo de cuidado, creeríamos que la base argumentativa sería planteada a partir de la distinción del cuidado ordinario exigible de un particular respecto de un individuo que ejerce funciones públicas, con las implicaciones que ello traería.

En consecuencia, está claro que existe una fuerte divergencia entre el grado de diligencia que podría censurarse al conglomerado general frente al servidor público, por cuanto el segundo destinatario al responder a un estatus disímil con el Estado —relación especial de sujeción—, su prudencia en el ejercicio de sus deberes funcionales es mayor. De ahí que, aunque la valoración de la culpabilidad recae sobre actos exteriores del ser humano y no sobre aspectos de su fuero interno, es irrefutable que la culpabilidad compartiría dos premisas esenciales: (i) en la acción de repetición y en el proceso disciplinario, el *objeto de evaluación* es la infracción de las actividades oficiales, y (ii) el ejercicio de funciones públicas está adscrito a la conducta del actor. Volvemos al punto común que une a ambos mecanismos de control a la actividad de los servidores públicos: el deber funcional.

Además, es comprensible que el intérprete de la norma se decante por un planteamiento exegético de las normas. Ahora bien, la opción de recurrir a la culpa grave en materia disciplinaria para sostener su aplicación en sede de repetición se fundamentaría en que no puede variarse formalmente el alcance del inciso segundo del artículo 90 constitucional para así imprimirle una cualificación adicional a la culpabilidad, esto es, por ejemplo, postular una culpa gravísima disciplinaria que no fue expresamente contemplada en la norma superior.

Ahora bien, creemos que sí resulta procedente y además indispensable acudir al derecho disciplinario para llenar los vacíos de los que puede adolecer la acción de repetición, más aún frente a los conceptos de dolo y de culpa grave, conforme a las previsiones de los artículos 5.° y 6.° de la Ley 678 de 2001, sin embargo, dicha aplicación en últimas debe también trascender de lo formal a lo material con el objeto de postular una culpa que se ajuste más a la norma superior, es decir, una conducta que recoja esas características intensificadas y especiales que diseñó el constituyente para valorar el comportamiento subjetivo del agente estatal en la repetición, es decir, que se esté en presencia de una conducta del servidor público que sea realmente deliberada y altamente negligente o descuidada desde la óptica funcionarial.

Así las cosas, no descartamos que el estudio de la culpa grave de la acción de repetición pueda nutrirse de los ingredientes de la culpa grave en materia disciplinaria, pero bajo unas consideraciones diferentes que recojan, reiteramos, el propósito del constituyente de 1991, es decir, consultando el espíritu de la Constitución Política, y desde una visión instrumental, la excepcionalidad del medio de control en aplicación del principio de culpabilidad, que necesariamente debe estar reforzado a partir de una inobservancia significativa y relevante frente al descuido o negligencia del agente responsable.

1.4.2. LA CULPA GRAVÍSIMA DISCIPLINARIA COMO INSUMO ÚTIL PARA DELIMITAR EL ALCANCE DE LAS CONDUCTAS GRAVEMENTE CULPOSAS EN EL MEDIO DE CONTROL DE LA REPETICIÓN

Recapitulando vemos entonces que si la culpa grave en materia disciplinaria no suple el alcance que quiso darle el constituyente de 1991 y a su vez la jurisprudencia constitucional y administrativa nos corresponde entonces determinar si existe otra modalidad de culpa en esta última ciencia que sí se acomode a dichos propósitos, pues en esta materia resulta que sí se cuenta con una especie de culpa intensificada y calificada que puede compartir dicho estándar y para tales efectos contamos con la figura de la *culpa gravísima.* Veamos:

Desde la Ley 734 de 2002, y ahora con la vigencia de la Ley 1952 de 2019, la culpabilidad disciplinaria distingue tres tipos de culpas que son la gravísima, la grave y la leve. Para nuestro caso, reviste especial interés estudiar tanto la culpa grave como la gravísima. Así y frente a la culpa gravísima, el artículo 29 del Código General Disciplinario, dispuso que *"[h]abrá culpa gravísima cuando se incurra en falta disciplinaria por ignorancia supina, desatención elemental o violación manifiesta de reglas de obligatorio cumplimiento".*

Una primera lectura del alcance de la culpa gravísima nos muestra que se incluyen tres categorías jurídicas que la integran, sin que se haga referencia alguna a la infracción al deber subjetivo y objetivo de cuidado, lo que pone de presente que se trata de una descripción normativa distinta y especial. En la misma línea, la jurisprudencia[81] la ha descrito así:

> En todo caso, a pesar de las anteriores similitudes, los elementos diferenciadores de la culpa gravísima respecto de la grave están relacionados con las calificaciones dadas por la ley, en el sentido de que, para que se configure la primera, ha

---

81 Consejo de Estado, Sección Segunda, Subsección "A", Sentencia de 23 de junio de 2022, Expediente 110010325000201500480 00 (1211-2015), C. P. William Hernández Gómez.

> de existir ignorancia supina, desatención elemental o violación manifiesta de reglas de obligatorio cumplimiento. De esa manera, para que se configure la culpa grave, bastará que se presente la desatención de los deberes objetivo y subjetivo de cuidado, sin que se requiera la presencia de los mencionados complementos.

Y frente a los referidos complementos que integran el concepto de culpa gravísima, la jurisprudencia[82] con apoyo en la doctrina, señaló lo siguiente:

> [...] a. Si la regla general en materia de culpabilidad en el derecho disciplinario es la culpa, también tendrá que concluirse que en esta modalidad de imputación subjetiva la culpa grave también lo es, siendo la ignorancia supina, la desatención elemental y la violación manifiesta de reglas de obligatorio cumplimiento una cuestión excepcional [...] b. Aquellos comportamientos que merezcan la calificación de que fueron cometidos con culpa gravísima, lo será porque lo supino, lo elemental o lo manifiesto estará soportado en ciertos factores o elementos que estarán fundados por la connotación o entidad del comportamiento [...]

Así las cosas, de una lectura armónica del articulado referido y de la jurisprudencia del Consejo de Estado, es plausible entonces entender la culpa gravísima como la inobservancia del deber objetivo y subjetivo de cuidado, pero de manera cualificada o intensificada, pues si carece de esos elementos diferenciadores (ignorancia supina, desatención elemental o la violación manifiesta de reglas de obligatorio cumplimiento), ya quedaría entonces el comportamiento en el ámbito propio de la culpa grave en disciplinario, es decir, por la simple desatención del deber subjetivo y objetivo de cuidado. En este punto, compartimos plenamente la posición de la doctrina cuando precisa que el correcto entendimiento de la culpa gravísima surge de "*la adjetivación de los sustantivos «ignorancia», «desatención» y «violación», todos ellos como formas de la falta a la observancia del cuidado necesario*"[83].

De este modo, si la culpa grave que exige el constituyente en el artículo 90 superior para la procedencia de la acción de repetición, es aquel comportamiento deliberado o altamente negligente del agente estatal, leído en clave disciplinaria, no podríamos entonces acuñarlo al mismo concepto de culpa grave que se maneja en el derecho disciplinario, pues este se asocia es a la simple infracción al deber subjetivo y objetivo de cuidado, pero no a aquellas negligencias cometidas con ignorancia supina, con desatención elemental o con la violación de normas de obligatorio cumplimiento.

---

82 Consejo de Estado, Sección Segunda, Subsección "A", Sentencia de 24 de enero de 2019, Expediente 11001-03-25-000-2012-00340-00(1338-2012), C. P. William Hernández Gómez.

83 Pinzón Navarrete, John Harvey, *La culpabilidad en el derecho disciplinario,* 167.

De esta forma, entonces es ese comportamiento altamente y significativamente negligente cometido con ignorancia supina, o con desatención elemental o con violación de normas de obligatorio cumplimiento, la conducta que podría cazar perfectamente en el concepto de culpa grave que introdujo el constituyente de 1991 en el artículo 90 superior siendo pues una figura propia del derecho disciplinario, especie del derecho sancionatorio que a nuestro juicio resolvería la nueva exigencia constitucional en torno a este elemento subjetivo dentro del trámite de la acción de repetición.

La culpa gravísima, como se indicó, es pues una culpa cualificada que debe ser objeto de mayor reproche en tanto se comete bajo unas condiciones especiales que distan por lo tanto de la simple infracción al deber subjetivo y objetivo de cuidado, que le es exigible a los servidores públicos y a los particulares que ejercen funciones públicas. Esa lectura restringida de ese aspecto subjetivo es precisamente lo que prueba, en nuestro criterio, la pertinencia y gran utilidad que el derecho disciplinario ofrece para dar respuesta a la problemática sobre cómo se debe abordar el dolo o la culpa grave en sede de repetición, pues como se indicó, el concepto de culpa del derecho penal no satisface los requerimientos constitucionales, lo propio ocurre con las instituciones civiles, ni tampoco se ocupa de resolver las particularidades definidas por el constituyente de 1991 al regular la figura del mecanismo de control de repetición, que exigieron una conducta dolosa o gravemente culposa.

Ahora bien, de las concepciones de culpa gravísima a partir de sus modalidades, se ha entendido por ignorancia supina *"la negligencia en aprender o inquirir lo que puede o debe saberse"*[84], lo cual obedece a la falta de ilustración del deber funcional infringido. Sin embargo, a partir del calificativo de supina es claro que el desconocimiento del actor debe ser de *"alto grado"*[85], según lo precisado por la Real Academia Española. Nótese, que es un rasgo especial lo que califica en sí el comportamiento.

Al respecto, la Corte Constitucional señaló que la ignorancia supina es entendida como *"la negligencia del servidor que pese a tener el deber de instruirse a efectos de desempeñar la labor encomendada decide no hacerlo"*[86]. Igualmente, en un caso práctico, se hizo el siguiente análisis:

> Tampoco es del caso aceptar la excusa de error invencible opuesta en la demanda por el señor (...), por cuanto, como mayor de la Policía Nacional y

---

[84] *Ibidem*, 161.

[85] "Supino, na", Diccionario de la Real Academia Española, https://dle.rae.es/supino. *"Dicho de algo negativo: Que se da en alto grado".*

[86] Corte Constitucional Colombia, Sentencia C-948 de 2002, M. P. Álvaro Tafur Galvis.

comandante de estación, debe conocer con rigor la normativa que regula sus competencias (Código Nacional de Policía), cuanto más si tiene personal a cargo. Por el contrario, lo que denota entonces es ignorancia supina [...][87].

Igualmente, el Consejo de Estado, posteriormente, planteó unos *criterios de identificación* que permiten dilucidar si el funcionario debía y podía conocer que su actuar implicaba una infracción de sus deberes funcionales. Veamos:

> [L]as autoridades disciplinarias no examinaron si en verdad el demandante actuó con ignorancia supina en un tema en el que (1) efectuó varias consultas; (2) no obtuvo respuesta; (3) era demasiado complejo; y (4) la decisión final de su hermano, esto es, el no posesionarse como concejal, pudo hacerle entender que no se encontraba en la restricción contenida en el numeral 5 del artículo 33 de la Ley 617 de 2000. [...] [N]o se explicaron las razones de lo «manifiesto», ni mucho menos el por qué el asunto resultaba tan «básico», «claro» o ser objeto de algo que «podía saberse». Por el contrario, el asunto no resultó tan sencillo, pues muy a pesar de que al momento de expedirse los actos imperaba una determinada interpretación, se demostró que la norma podía admitir dos interpretaciones diferentes, aspecto que descartaba afirmar una ignorancia supina en un tema de suma complejidad[88].

Frente a este punto, nótese que es equivocado partir de la premisa de que si la prohibición o el deber está contemplado en alguna disposición normativa cualquier servidor público tiene la obligación de comprenderla. No es así. Por el contrario, para la configuración de la ignorancia supina es indispensable apreciar, de manera complementaria, si el tema resultaba pacífico, no representaba cierta complejidad, era fácilmente superable y si no admitía varias interpretaciones razonables. El contexto de la situación en la que despliega la conducta será fundamental a la hora de acudir a alguno de los calificativos que integran la figura de la culpa gravísima en materia disciplinaria.

En atención a las subreglas referidas, la modalidad de culpa gravísima mencionada no parte simplemente del desconocimiento del servidor público por la ausencia de actualización de su conocimiento, sino realmente en la imposibilidad de salir de esta. Es así como le corresponde a la autoridad competente realizar un *juicio de poder y deber*, el cual está ligado a la valoración de si el servidor público podía percatarse que estaba infringiendo un deber funcional. Igualmente, por do-

---

87 Consejo de Estado, Sección Segunda, Subsección "B". Sentencia del 24 de enero de 2019, radicado n.° 11001-03-25-000-2013-00256-00 (0974-12), C. P. Carmelo Perdomo Cueter.

88 Consejo de Estado, Sala de lo Contencioso Administrativo, Sección Segunda, Subsección "A". Sentencia del 6 de agosto de 2020, radicado n.° 50001 23 33-000-2013-00384-01 (3031-19), C. P. William Hernández Gómez.

ble remisión, si la apreciación de la potencial infracción resultaba un imperativo categórico —deber saber— que por su condición y el ejercicio de las actividades atribuidas al cargo no podía excusar alguna falta de conocimiento.

Por otra parte, frente a la desatención elemental como modalidad de la culpa gravísima, la doctrina ha precisado que ocurre cuando "*no se realiza lo que resulta obvio, imprescindible hacer, lo que es común que otra persona hiciera*"[89]. Por su parte, el maestro Gómez Pavajeau afirmó que su configuración se da cuando está acreditada "*la omisión de las precauciones o cautela más elementales, o el olvido de las medidas de racional cautela aconsejadas por la previsión más elemental, que han de ser observadas en los actos ordinarios de la vida, o por conducta de inexcusable irreflexión o ligereza*"[90].

Igualmente, el autor Pinzón Navarrete a partir de razonamientos propuestos por el maestro Gómez Pavajeau, delimitó el alcance de la desatención elemental de la siguiente forma:

> (...) la desatención elemental consiste «en la omisión de las precauciones o cautela más elementales, o el olvido de las medidas de racional cautela aconsejadas por la previsión más elemental, que han de ser observadas en los actos ordinarios de la vida, o por una conducta de inexcusable irreflexión y ligereza» (Gómez. 2007, p. 456). Igualmente, también ejemplifica como desatención elemental «prescindir de manera elemental del buen juicio y moderación necesarios y fundamentalmente imprescindibles para realizar el bien y evitar el mal» (Gómez. 2007, p. 456). Del mismo y ampliando el espectro de posibilidades, incluye dentro de esta modalidad el concepto de la imprudencia temeraria, la cual puede entenderse, siguiente la jurisprudencia española, como aquello que es contrario a la previsión más elemental y de ordinaria diligencia[91].

Asimismo, la jurisprudencia del Consejo de Estado, acogiendo lineamientos similares, en un caso específico, valoró la negligencia *obvia* o *de bulto* atribuida al servidor público y señaló:

> (...) si bien se aceptó que el actor estudió en un colegio en donde funcionaba la fundación P.d.M. quien le hizo entrega de un diploma de licenciado, se encontró también la desatención elemental por parte del citado, **al no estar atento y por lo menos leer los documentos que le entregaron**, toda vez, que el acta de grado de su título de licenciado daba fe de otras circunstancias diferentes a la presunta ceremonia de graduación y de igual manera el presunto convenio interinstitucional sin firmar[92] (negrillas fuera de texto).

---

89 Sánchez Herrera, Esiquio Manuel. *Dogmática practicable del derecho disciplinario.* (Bogotá: Ed. Ediciones Nueva Jurídica, 2012), 77-78.

90 Gómez Pavajeau, Carlos Arturo. *Dogmática del Derecho Disciplinario*, 456.

91 Pinzón Navarrete, John Harvey, *La culpabilidad en el derecho disciplinario,* 162.

92 Consejo de Estado, Sección Segunda, Subsección "B". Sentencia del 17 de junio de 2021, radicado n.° 54001-23-33-000-2015-00054-01 (3321-17). C. P. César Palomino Cortés.

En otros casos similares, para la sustentación de la culpa gravísima a partir de la modalidad de desatención elemental, la misma autoridad judicial precisó:

> La desatención elemental es la violación al deber objetivo de cuidado por la negligencia absoluta respecto a los deberes, es decir, cuando el servidor no hace lo que cualquier otra persona con su mismo conocimiento y posición hiciese frente a esa misma situación. Es un supuesto bajo el cual por total negligencia se deja conocer y con ello se ignoran los supuestos que debían regir su comportamiento y se incurre en el quebrantamiento que constituye falta[93].

De lo anterior, se extrae con suficiencia, que las posturas académicas y jurisprudenciales son coincidentes en que para la actualización de la desatención elemental del deber objetivo y subjetivo de cuidado —modalidad de culpa gravísima—, debe validarse a partir de un comportamiento que sea evidente de una negligencia grosera y relevante. En consecuencia, no basta con acreditar que el funcionario fue descuidado, sino que la infracción de los deberes funcionales se dio por una desidia absoluta, por una negligencia relevante y significativa, es decir, que en caso de ser mínimamente cauteloso se habría podido abstenerse de actuar irregularmente y, por el contrario, le correspondía realizar un comportamiento totalmente diverso, e incluso, hasta opuesto. Se trata de una calificación especial que debe poner en evidencia la existencia de un comportamiento que revista esa significativa negligencia o descuido por fuera de los parámetros normales y tolerables por la sociedad. La Corte Constitucional[94], en línea con lo anterior, precisó lo siguiente:

> (...) la Corte tiene por cierto que "la aplicación de la acción de repetición no puede ignorar que, en el otro extremo, la figura no pretende imponer cargas desproporcionadas a quienes asumen el ejercicio del servicio público, comoquiera que con la pretensión de regreso no se busca que la responsabilidad inherente a la actividad del Estado recaiga en sus funcionarios o contratistas de manera indiscriminada, ya que ello sólo es posible, bajo ciertos parámetros que aseguren vigencia de la prohibición de exceso, cuando su intervención en la ocurrencia de daños antijurídicos sea premeditada, negligente o manifiestamente imprudente.

Ahora bien, frente a la modalidad atinente a la violación manifiesta de las reglas de obligatorio cumplimiento, consideramos que ella representa en sí un aspecto sumamente problemático pues los deberes funcionales de los agentes estatales deben contar con respaldo constitucional o legal. Basta con revisar el contenido de los artículos 6 y 121 del texto superior para llegar a la anterior conclusión. Pese a lo anterior, esa violación de normas de obligatorio cumplimiento no debe anali-

---

93 Consejo de Estado, Sección Segunda, Subsección "A", Sentencia del 30 de septiembre de 2021, radicado n.° 27001-23-33-000-2013-00307-01 (2118-15), C. P. Rafael Francisco Suárez Vargas.

94 Sentencia SU-354 de 2020, M. P. Luis Guillermo Guerrero.

zarse de forma aislada pues la disposición normativa que resulta desconocida debe reunir unas condiciones que han sido previamente identificadas por la doctrina y por la jurisprudencia como pasaremos a revisarlo.

Desde su previsión en la Ley 734 de 2002, por lo general, el juez o la autoridad disciplinaria, incurren en errores al aplicar dicha modalidad de culpa gravísima, pues básicamente para sustentar la responsabilidad subjetiva, se insiste o más bien se replica en el juicio de adecuación el desconocimiento de las normas jurídicas utilizadas para construir el concepto de violación. De ahí que, la doctrina ha postulado que, por dificultades en su lectura, es quizás el título de imputación culposo menos utilizado, por cuanto se incurre en *"un problema de no distinción entre los elementos que conforman la responsabilidad"*[95].

Para la configuración de aquella subcategoría subjetiva, la doctrina parte del supuesto que *"el deber objetivo de cuidado es reglado y el servidor público desatiende el cumplimiento de esta norma que impone ese deber"*[96]. Sin embargo, del análisis de la norma, creemos en el mismo sentido que lo sostiene Pinzón Navarrete, que al concepto referido *"resultaría necesario agregar que esa desatención o incumplimiento debe ser «manifiesto», consideración inobjetable que se deriva de la misma redacción impuesta por el legislador"*[97].

Así, desde la revisión de artículo 29 del Código General Disciplinario, consideramos que las reglas manifiestamente violadas no pueden corresponder a las utilizadas en sede de tipicidad, las cuales fundamentan la imputación jurídica. Por el contrario, resulta indispensable valorar la conducta a partir de disposiciones que en caso de preverse no habrían abiertamente infringido el deber objetivo de cuidado.

En la misma línea de lo anterior, la jurisprudencia del Consejo de Estado concluyó que la norma inobservada por el servidor público no necesariamente debe ser de orden legal, sino también puede ser reglamentaria e inclusive deontológica. Igualmente, explicó que el ingrediente esencial para su configuración es corroborar si la exigibilidad de acatar la disposición resultaba "obvia"[98].

Por otra parte, la Comisión Nacional de Disciplina Judicial, efectuó un desarrollo aún más profundo de la subcategoría subjetiva concerniente a la violación manifiesta de las reglas de obligatorio cumplimiento. Al respecto, sostuvo:

---

95 Pinzón Navarrete, John Harvey, *La culpabilidad en el derecho disciplinario,* 164.

96 Sánchez Herrera, Esiquio Manuel. *Dogmática practicable del derecho disciplinario*, 78.

97 Pinzón Navarrete, John Harvey. *La culpabilidad en el derecho disciplinario,* 163.

98 Consejo de Estado, Sección Segunda, Subsección "A". Sentencia del 30 de septiembre de 2021, radicado n.° 27001-23-33-000-2013-00307-01 (2118-15). C. P. Rafael Francisco Suárez Vargas.

(...) Es por eso necesario determinar, en este caso, qué se entiende por violación manifiesta de reglas de obligatorio cumplimiento, para lo cual es necesario referirse a cada uno de sus elementos.

Así, la violación equivale a un «quebrantamiento»[99] o incumplimiento, calificado por el adjetivo «manifiesto», es decir, «descubierto», «claro» o «patente»[100]. En materia jurídica, el Diccionario panhispánico del español jurídico contempla una definición que recoge los dos conceptos, es decir, tanto el incumplimiento como su carácter evidente, bajo la noción análoga de «infracción manifiesta», que hace referencia a la «[t]ransgresión objetiva e incuestionable de la ley, o de una disposición general, que no puede salvarse con interpretación alguna»[101]. En esos términos, la violación manifiesta tiene que ver con un desconocimiento evidente, palmario, que surge de la sola comparación entre la norma y el hecho, ajena a cualquier raciocinio o proceso mental ulterior.

Ahora bien, esa violación manifiesta se predica respecto de «reglas de obligatorio cumplimiento», expresión que plantea al menos dos interrogantes. Por un lado, es necesario establecer cuándo una norma se considera de obligatorio cumplimiento y, por el otro, es preciso determinar a qué norma obligatoria debe remitirse el operador.

En cuanto a lo primero, para esta Corporación es claro que son normas de obligatorio cumplimiento aquellas normas jurídicas vinculantes para el sujeto disciplinable, es decir, que le resulten aplicables en ejercicio de sus funciones. Bien puede tratarse de la Constitución, de la ley, del reglamento e, inclusive, de una norma interna aplicable al investigado con fundamento en la relación especial de sujeción, como, por ejemplo, los procedimientos propios del sistema de control interno.

En cuanto a lo segundo, la culpa gravísima por violación manifiesta de reglas de obligatorio cumplimiento no puede originarse en cualquier clase de norma, sino solamente en aquella que regule el deber objetivo de cuidado que le corresponde observar, en cada caso, al sujeto disciplinable. Se trata, así, de normas que disponen de antemano «en específicas situaciones un cuidado especial y obligatorio que por recibir tratamiento especial en la norma sirve como parámetro de recuerdo ineludible para el cumplimiento diligente de la función»[102]. Es por eso que esta fuente de cualificación de la culpa no procede sino en casos excepcionales, cuando el deber objetivo de cuidado, por su especialidad o importancia, ha sido positivizado.

En este sentido, es necesario precisar que no sería admisible aplicar una forma tan estricta de culpa como la gravísima por la desatención de una norma que no guarde ningún tipo de relación con el comportamiento o con el núcleo de la infracción. Del mismo modo, tampoco tendría sentido considerar que la regla de obligatorio cumplimiento corresponde al mismo tipo disciplinario —o a la norma que contiene el deber, si es que figura en una norma distinta—, pues eso sería

---

99 "Violar", Diccionario panhispánico del español jurídico, https://dpej.rae.es/lema/violar.

100 "Manifiesto, ta", Diccionario de la Real Academia Española, https://dle.rae.es/manifiesto?m=form.

101 "Infracción manifiesta", Diccionario panhispánico del español jurídico, https://dpej.rae.es/lema/infracción-manifiesta.

102 Gómez Pavajeau, Carlos Arturo. *Dogmática del Derecho Disciplinario*, 645.

> tanto como replicar el juicio de tipicidad y, por esa vía, incurrir en una forma abiertamente inconstitucional de responsabilidad objetiva[103].

En suma, a manera de síntesis, y con el objeto de no complejizar el entendimiento de esta subcategoría, es procedente fijar las siguientes reglas para la apreciación de la subcategoría subjetiva objeto de análisis: (i) la disposición legal, administrativa, o incluso deontológica, debe ser aquella que regule el deber objetivo de cuidado[104]; (ii) la violación manifiesta corresponde al desconocimiento evidente, palmario, que surge de la sola comparación entre la norma y el hecho, ajena a cualquier raciocinio o proceso mental ulterior; y (iii) la norma desatendida tiene que comportar relación con el núcleo de la infracción del deber funcional, aclarándose que no se puede confundir con las disposiciones revisadas en el concepto de violación —tipicidad—.

Corolario de lo anterior, a diferencia de la culpa grave, como será analizado a continuación, consideramos que la culpa gravísima disciplinaria, junto a sus tres subcategorías, sí pueden prestar mayor utilidad en la fundamentación del ingrediente subjetivo del trámite de repetición, tanto para el sujeto activo de la *litis* —la entidad pública—, así como para el juez administrativo.

Inicialmente, de la lectura del artículo 6.° de la Ley 678 de 2001, modificado por el artículo 40 de la Ley 2195 de 2022, observamos que en la actualidad no se cuenta con un concepto especifico o propio de la culpa grave en el proceso de repetición. Lo anterior, entonces, plantea la necesidad de ajustar los preceptos normativos de la acción de repetición con el artículo 90 del texto superior y a su vez con la jurisprudencia constitucional vigente. De esa forma, que la Ley 678 de 2001 modificada por la Ley 2195 de 2022, ya no prevea como tal un concepto de culpa grave en sede de repetición, en forma alguna puede llevarnos a la conclusión que no debe estudiarse y valorarse un comportamiento de un agente estatal bajo esta modalidad de imputación subjetiva de responsabilidad. Todo lo contrario. El principio de culpabilidad se incorporó al medio de control de repetición y, por lo tanto, debe tener presencia y aplicación practica en dichos juicios contencioso-administrativos.

Por otro lado, evidenciamos que fue eliminado del artículo original el concepto de culpa grave, por cuanto el legislador previamente y de manera expresa disponía lo siguiente: *"[l]a conducta del agente del Estado* ***es*** *gravemente culposa cuando el daño*

---

103 Comisión Nacional de Disciplina Judicial. Sentencia del 4 de agosto de 2021, radicado n.° 41001102000 2016 00627 01. M. P. Mauricio Fernando Rodríguez Tamayo.

104 Entiéndase que para contemplar esta subcategoría subjetiva es imprescindible tener claridad conceptual que el deber objetivo de cuidado es diferente al deber funcional.

es consecuencia de una infracción directa a la Constitución o la ley o de una inexcusable omisión o extralimitación en el ejercicio de las funciones" (negrillas fuera de texto).

Así y con la entrada en vigor del artículo 40 de la Ley 2195 de 2022, es claro que por un lado fueron eliminadas las presunciones de legalidad iniciales[105], y por el otro, que los dos presupuestos contemplados como definición de aquel título subjetivo pasaron a ser presunciones. Situación que no es un tema menor, pues básicamente el legislador dejó sin definición al título subjetivo, para en su lugar concebir las dos circunstancias como presunciones legales[106] con el objeto de alivianar la acreditación de la modalidad subjetiva, lo que no obsta para que las garantías propias del principio de culpabilidad enriquezcan el trámite de dicho medio de control —por mandato constitucional— para adicionar un nuevo requisito tanto a la demanda como a la sentencia que lo defina, que no es otro que el estudio del dolo o de la culpa grave desde las categorías jurídicas que se han desarrollado en el derecho disciplinario. Así, creemos que el contenido del dolo que debería aplicarse en sede de repetición será el mismo que surge del disciplinario y para el caso de la culpa grave con alguna o algunas de las calificaciones que integran la culpa gravísima en esa misma disciplina.

Ahora bien, resulta relevante precisar que no creemos pertinente interpretar que las dos circunstancias contempladas en la norma ostentan una doble connotación, esto es como presunciones y conceptos toda vez que, la Corte Constitucional expuso con suficiencia que las primeras corresponden a *"un asunto que se relaciona*

---

105 Art. 6 original de la Ley 678 de 2001. *"(...) Se presume que la conducta es gravemente culposa por las siguientes causas:*
1. Violación manifiesta e inexcusable de las normas de derecho.
2. Carencia o abuso de competencia para proferir de decisión anulada, determinada por error inexcusable.
3. Omisión de las formas sustanciales o de la esencia para la validez de los actos administrativos determinada por error inexcusable.
4. Violar manifiesta e inexcusablemente el debido proceso en lo referente a detenciones arbitrarias y dilación en los términos procesales con detención física o corporal".

106. De las presunciones legales en la acción de repetición, la Corte Constitucional explicó lo siguiente: *"En términos generales las presunciones no son un juicio anticipado con el cual se desconoce la presunción de inocencia, toda vez que se trata de un típico procedimiento de técnica jurídica adoptado por el legislador, en ejercicio de su facultad de configuración de las instituciones procesales, con el fin de convertir en derecho lo que simplemente es una suposición fundada en hechos o circunstancias que generalmente ocurren, ante el riesgo de que la dificultad de la prueba pueda significar la pérdida de ese derecho afectando bienes jurídicos de importancia para la sociedad".* Corte Constitucional, Sentencia C-374 de 2002, M. P. Clara Inés Vargas Hernández.

directamente con el aspecto probatorio determinado por un supuesto de hecho, de forma tal que en el caso de las presunciones legales al probarse los antecedentes o circunstancias conocidos, resulta probado el hecho al que se refiere la presunción”[107].

En ese sentido, no pueden equipararse las presunciones legales con los ingredientes que componen la categoría subjetiva toda vez que las circunstancias contempladas en la Ley 2195 de 2022 únicamente dan por sentada su actualización, destacándose que admiten prueba en contrario, y no son propiamente los elementos contenidos en la modalidad conductual.

Así las cosas, con ocasión a que en la actualidad el legislador no contempló, expresamente, un concepto propio de la conducta gravemente culposa en sede de repetición, consideramos que consultando la intención del constituyente primario en el artículo 90 superior y la propia jurisprudencia del Consejo de Estado y de la Comisión Nacional de Disciplina Judicial, resulta razonable y procedente acudir al concepto desarrollado en la culpa gravísima en materia disciplinaria.

En primera medida, tenemos que la carta política de 1991 previó la procedencia de la acción de repetición únicamente cuando la inobservancia del deber objetivo de cuidado del individuo cuente con un alto grado de intensidad, es decir, evidente o palmario. Por consiguiente, es claro que no resulta procedente ante cualquier descuido o negligencia, sino que es imperativo observar la existencia de una cualificación de la culpa, a través de los instrumentos que integran la culpa gravísima, como se postula en esta obra. Adicionalmente, por las razones expuestas, no resulta del todo pertinente acudir a las instituciones de la culpa que hacen parte del derecho penal por las razones aquí expuestas.

Así, es plausible atender la configuración de la modalidad subjetiva, a partir de las situaciones contempladas en la culpa gravísima disciplinaria, es decir, en cualquiera de las categorías que la integran como lo es: (i) la desatención elemental; (ii) la ignorancia supina y (iii) la violación manifiesta de las reglas de obligatorio cumplimiento.

Otra razón más fortalece nuestra tesis y es que como ha sido revisado en líneas anteriores, una perspectiva convencional y constitucional en *pro* de los intereses del servidor público debe garantizar una completa valoración del comportamiento oficial, fin que puede alcanzarse a partir de una adjetivación del descuido o negligencia del actuar del funcionario, pues no basta con la confrontación de las normas desatendidas por el agente responsable para sostener que cometió la conducta oficial a título de culpa grave.

---

107 Corte Constitucional, Sentencia C-669 de 2005, M.P. Álvaro Tafur Galvis.

Y el otro argumento a favor surge de la modificación del artículo 6. ° de la Ley 678 de 2001, pues dicha reforma no puede representar un retroceso para las garantías del demandado. Por lo tanto, ante la eliminación de presunciones legales rigurosas es acertado apreciar la transgresión del deber objetivo y subjetivo de cuidado desde una culpa especial y cualificada, por cuanto las dos presunciones vigentes básicamente repiten la corroboración de si la conducta fue la causa eficiente y directa del daño antijurídico, aspecto objetivo que es independiente al juicio de culpabilidad del comportamiento.

En este orden de ideas, desde una interpretación armónica del inciso 2. ° del artículo 90 superior y el artículo 6. ° de la Ley 678 de 2001 resulta por lo tanto procedente remitirnos al concepto de culpa gravísima que opera en materia disciplinaria para llenar el vacío normativo que posee aquella ley y que está llamado a regular la culpa grave en sede de repetición.

1.4.3. EL DOLO EN EL MEDIO DE CONTROL DE REPETICIÓN DESDE UNA VISIÓN DISCIPLINARIA

A diferencia de las variaciones normativas incluidas en la culpa grave, el artículo 5. ° de la Ley 678 de 2001, modificado por el artículo 39 de la Ley 2195 de 2022, no realizó algún tipo de ajuste respecto del concepto de dolo. Así, se mantuvieron algunas presunciones legales contenidas en el artículo original, y, por otra parte, únicamente fueron atenuadas ciertas presunciones legales con el objeto de garantizar la eficiencia de la acción patrimonial[108].

El dolo, al igual que ocurre con la culpa grave, es un concepto que debe ser necesariamente aplicado con una lectura propia del principio de culpabilidad, aspecto que exige la acreditación de ciertas condiciones especiales para el análisis de dicho elemento subjetivo. De este modo, también ha quedado claro que las nociones civiles del dolo no resultan aplicables para estudiar dicha figura dentro del trámite de la acción de repetición.

108 Artículo 39 de la Ley 2195 de 2022. *"(...) Se presume que existe dolo del agente público por las siguientes causas:*
1. Que el acto administrativo haya sido declarado nulo por desviación de poder, indebida motivación, o falta de motivación, y por falsa motivación.
2. Haber sido penal o disciplinariamente responsable a título de dolo por los mismos daños que sirvieron de fundamento para la responsabilidad patrimonial del Estado.
3. Haber expedido la resolución, el auto o sentencia contrario a derecho en un proceso judicial.
4. Obrar con desviación de poder".

El comportamiento doloso en un proceso contencioso administrativo de repetición debe verse a partir de dos dimensiones. Una aquella que se sustenta en uno o varios de los supuestos que prevé la Ley 678 de 2001 y otra a partir de la determinación de una conducta del agente estatal que sea calificada como cometida con conocimiento y voluntad que es a su vez la fuente de una condena que se profiere en contra del Estado por la causación de un daño antijurídico.

Tal y como lo hemos expuesto, la atribución de una conducta dolosa a un agente estatal debe estar precedida del correspondiente examen fáctico y probatorio que acredite efectivamente que ese comportamiento se aviene a las reglas normativas previstas en la Ley 678 de 2001 y también a los elementos que la integran de cara al principio de culpabilidad.

Ahora bien, del alcance de la concepción de dolo, el artículo 5. ° *ejusdem* dispuso que: *"[l]a conducta es dolosa cuando el agente del Estado* ***quiere la realización de un hecho ajeno a las finalidades del servicio del Estado****"* (negrillas fuera de texto).

Sobre el particular, es claro que las dos dimensiones delimitadas por el legislador para sostener la actualización del título subjetivo son las siguientes: (i) la existencia del elemento volitivo del comportamiento, y (ii) la valoración de la voluntad a partir de la conducta que infringió el deber funcional, aspecto complementado con los cometidos estatales consignados en el artículo 2. ° constitucional.

A diferencia de lo que ocurre con las conductas gravemente culposas, consideramos que existe una mayor claridad para la corroboración de esta modalidad subjetiva. Nótese que la norma especial identificó los dos postulados esenciales para su actualización, para así dar cumplimiento al principio de culpabilidad en el medio de control de repetición, los cuales resultan compatibles con la jurisprudencia reciente de la Corte Constitucional.

Sin embargo, a nuestro parecer, continúan existiendo algunas dificultades para su configuración en función de garantizar integralmente el debido proceso de los intervinientes. Puntualmente observamos que limitar la modalidad de la conducta al elemento volitivo impide correctamente su aplicación, por cuanto resulta complejo que un agente responsable tenga la voluntad de infringir sus deberes funcionales, pero carezca de conocimiento, o, en otras palabras, que aquel ingrediente sea secundario. Todo lo contrario, pues deben ir unidos. Aquí cobra un papel muy significativo el alcance de la aplicación del principio de culpabilidad.

Así, respetándose los lineamientos normativos de la acción de repetición, en atención a la proximidad de los fines que persigue con el derecho disciplinario, como se indicó en esta obra, a continuación, será abordado el análisis del dolo en materia disciplinaria con el objeto de dar contenido y alcance al artículo 5. ° de la Ley 678 de 2001 con una lectura que incorpore el principio de culpabilidad en el trámite de la misma.

Una de las novedades que hoy prevé la legislación disciplinaria es la adopción de una definición propia del dolo en dicha ciencia. Antes, para asumir el estudio del dolo, era necesario acudir ante las previsiones del Código Penal. Así y de cara a las previsiones del artículo 28 de la Ley 1952 de 2019, el legislador dispuso que el dolo disciplinario contempla los siguientes presupuestos: (i) el conocimiento de los hechos constitutivos de la falta disciplinaria, (ii) el conocimiento de la ilicitud, y (iii) el componente volitivo. Esta triada de elementos integran el concepto del comportamiento doloso. Y sobre el alcance de este elemento subjetivo, la doctrina precisó que son dos las posturas tradicionales para su adecuada apreciación:

> a. El dolo está conformado por el solo conocimiento de los hechos y el conocimiento de la ilicitud, siendo la voluntad un elemento secundario o, si se quiere, accidental.
>
> b. El dolo está conformado por el conocimiento de los hechos, el conocimiento de la ilicitud y la voluntad[109].

Sin embargo, en vigencia del Código General Disciplinario, no existe duda de que en la actualidad no solo basta para la actualización del dolo el ingrediente cognoscitivo. Por el contrario, el juez debe corroborar la intención del agente de realizar el comportamiento, que no es otra cosa que la voluntad. Frente al aspecto volitivo, compartimos la corriente académica que sostiene que no es procedente adelantar el juicio de reproche a partir de la intencionalidad o el firme propósito de infringir el marco jurídico utilizado en sede de tipicidad, por cuanto sería repetir el mismo análisis en la categoría de la culpabilidad. En ese sentido, compartimos la siguiente reflexión:

> Por lo tanto, la plausibilidad de la tesis consistente en que el dolo esté conformado por el conocimiento de los hechos, el conocimiento de la ilicitud y la voluntad debe entenderse en el sentido de que este último elemento no puede equipararse a una supuesta intencionalidad o firme propósito de infringir el ordenamiento jurídico. Por el contrario, lo determinante es que la voluntad se entienda como el solo «querer» de cometer una determinada conducta, sin que quepa efectuar alguna consideración adicional sobre la «intención» o el «propósito» de cometer algo malo o, específicamente, contrario a derecho, pues esta precisa circunstancia es la que corresponde a que el sujeto haya tenido conocimiento de lo que estaba haciendo y que al momento de cometer la conducta comprendiera o pudiera comprender la ilicitud de su comportamiento[110].

Por otra parte, en materia de dolo, la Comisión Nacional de Disciplina Judicial, en una lectura que está a tono con el contenido actual del artículo 28 de la Ley 1952 de 2019, ha sostenido lo siguiente:

---

109 Pinzón Navarrete, John Harvey. *La culpabilidad en el derecho disciplinario*, 96.

110 *Ibidem*, 110.

> En relación con las conductas dolosas, no basta con que la norma prevea la posibilidad de incurrir en una falta bajo dicho título de imputación, toda vez que esta calificación será procedente, según lo ha venido sosteniendo esta corporación[111], siempre y cuando se acredite la demostración de cuatro aspectos, a saber:
>
> - **Conocimiento de los hechos**, en donde el sujeto deberá estar exento de un error de hecho.
>
> - **Voluntad**, en el que tendrá que demostrarse que el autor quiso adoptar determinada forma de conducta.
>
> - **Conciencia de la ilicitud**: bien como un aspecto del dolo o bien como aspecto de la culpabilidad, cuyo elemento es absolutamente indispensable para poder formular un reproche completo.
>
> - **Exigibilidad de otra conducta**: aspecto necesario para arribar a la conclusión de que el sujeto tenía una alternativa distinta para no haber afectado su deber ético y funcional[112] (negrillas en el texto original).

De lo expuesto, consideramos entonces que la inclusión de los ingredientes del dolo disciplinario, en la acción de repetición, resultan plenamente procedentes, siempre y cuando sean respetados los principios que sustentan la acción patrimonial, así como los postulados consignados en el artículo 5.° de la Ley 678 de 2001, modificado por el artículo 39 de la Ley 2195 de 2022 en armonía con lo previsto en el inciso 2.° del artículo 90 superior.

Sobre el particular, aunque la normativa referida —ley 678 de 2001— no prevé el elemento cognoscitivo en el juicio de reprochabilidad del dolo, obsérvese que la intención del agente responsable se centra en "querer" realizar una conducta ajena a los cometidos estatales. De ahí que, es claro que indirectamente el legislador le impuso a la entidad demandante la responsabilidad, de previo a presentar demanda de repetición, apreciar si el agente estatal conocía su actuar contrario a derecho y si con su ejecución se estaban infringiendo las disposiciones que regulan el ejercicio de sus atribuciones. Una tarea que ciertamente es altamente compleja pues la prueba directa del dolo, salvo en el caso de una confesión, es de muy difícil de obtener.

En esta misma dirección, la entidad demandante que quiera proponer una demanda de repetición fundada en una imputación subjetiva dolosa deberá acreditar cada uno de los elementos que la integran, en especial, el conocimiento sobre ese actuar contrario a sus deberes funcionales y luego que pese a ello decidió desplegar

---

111 Comisión Nacional de Disciplina Judicial. Sentencia del 17 de febrero de 2021. Radicación n.° 180011102000 2016 00264 01. M. P. Julio Andrés Sampedro Arrubla. Tesis reiterada en la sentencia del 15 de septiembre de 2021. Radicación n.° 700011102000 2016 00152 01. M. P. Mauricio Fernando Rodríguez Tamayo.

112 Comisión Nacional de Disciplina Judicial. Sentencia del 31 de mayo de 2023, radicado n.° 54001102000 2016 00888 02. M. P. Mauricio Fernando Rodríguez Tamayo.

el comportamiento que termina siendo la fuente de la condena patrimonial en contra del Estado como causa del daño antijurídico a un tercero.

A partir de ello, es claro que recurrir al ingrediente cognoscitivo en materia disciplinaria, es decir, el conocimiento, no desconoce la libertad de configuración del legislador, puesto que, para hacer el examen de culpabilidad del dolo dentro de la acción de repetición, en todo caso, es necesario revisar si el servidor público conocía los hechos, así como si estaba infringiendo sus deberes funcionales.

Por otro lado, precisión vital consiste en analizar de cara a valoraciones relacionadas con el principio de culpabilidad que no resulta del todo jurídicamente apropiado señalar que el agente estatal actuó con la intención de infringir las funciones inherentes a su cargo, sin evaluar la actitud consciente de lo que el agente desea realizar. De tal modo, que es imprescindible destacar que esa voluntad del funcionario "*implica que lo* ***conocido*** *tiene que ser deseado, querido o voluntario*"[113] (negrillas fuera de texto).

Así las cosas, consideramos que, realmente no se está proponiendo la inclusión del elemento cognoscitivo en la modalidad dolosa en la acción de repetición, pues por el contrario y a partir de las acepciones propias del derecho disciplinario, simplemente dan alcance y claridad en cuanto a que pese a que la norma especial no previó expresamente la consciencia del agente responsable —se refirió a la intención—, con ocasión a que la voluntad está ligada a la inobservancia de los cometidos estatales, es imprescindible en su valoración, contemplar si el sujeto conocía los hechos, así como las atribuciones funcionales y si con determinado comportamiento se apartaba de ellas.

Por otra parte, es pertinente aclarar que la exigibilidad de una conducta diversa no corresponde propiamente a un presupuesto adicional para la actualización del dolo. Recordemos que, a partir de los requisitos de procedencia de la acción patrimonial, el principio de culpabilidad comprende la subjetividad del comportamiento desde el ámbito psicológico —normativo, como también ocurre en el derecho disciplinario—.

Ahora bien, al igual que los demás presupuestos de la acción de repetición, la culpabilidad también debe ser acreditada a través de cualquier medio probatorio en un sistema como el que rige y que apunta a la libertad probatoria —sana crítica—, por lo cual el dolo no puede ser la excepción a la regla.

No obstante, a partir de las dificultades de la administración —parte accionante—para sustentar fácticamente aquel título subjetivo, por la ausencia de pruebas directas que permiten demostrar el elemento volitivo, proponemos *mutatis mu-*

113 Mejía Ossman, Jaime, *Derecho disciplinario, sustancial especial y formal.* (Bogotá: Ediciones Doctrina y Ley, 2014), 665.

tandis acudir a la prueba indiciaria para obtener la certeza de que el agente responsable obró con dolo, como ha sido avalado en el proceso disciplinario. Lo anterior aplicado en el juicio de repetición, exige que la entidad demandante afirme y pruebe cada uno de los elementos que integran el dolo que aparecen descrito en el artículo 28 de la Ley 1952 de 2019.

Al respecto, el Consejo de Estado[114] y la Comisión Nacional de Disciplina Judicial[115] han avalado la aplicación de los indicios para la verificación del dolo en materia disciplinaria, reflexiones que perfectamente podrían resultar procedentes en sede de repetición. Puntualmente, las decisiones de esas corporaciones señalan lo siguiente:

> En todo caso, la demostración del dolo también dependerá de las pruebas que se practiquen en el procedimiento disciplinario. Al respecto es necesario precisar que, salvo que se presente una confesión, y que esta se encuentre corroborada con lo probado con otros medios en el trámite, resulta casi imposible que exista una prueba directa de lo que conocía el sujeto y de cuál era su voluntad, por lo tanto, su comprobación dependerá de pruebas indirectas o indiciarias. Desde la doctrina se han propuesto tres clases de indicios que indicarían la existencia de este elemento de la culpabilidad a saber: los de aptitud, los de actitud, y los de comprensión valorativa. A continuación, se explicará cada uno de ellos:
>
> Indicios de aptitud: Tienen como propósito definir la capacidad que tenía el disciplinado para no haber cometido la falta. Así, los hechos indicadores de este indicio estarían relacionados con cuestiones relativas al cargo, su experiencia y al tiempo de servicio del servidor público, su profesión y diferentes estudios complementarios.
>
> Indicios de actitud: Están referidos a la planeación y anticipación de situaciones futuras, esto es, a los actos preparatorios relativos a la comisión de la falta disciplinaria, los cuales pueden ser anteriores, concomitantes o posteriores. Estos últimos referidos a maniobras para ocultar el ilícito.
>
> Indicios de comprensión valorativa: Se refieren a la conciencia potencial de la ilicitud, y en ellos se debe tener en cuenta si la conducta es activa u omisiva, los reenvíos normativos de algunas faltas, la claridad en la redacción del tipo, la complejidad para comprender lo antijurídico, la jerarquía de y notoriedad de algunas normas y los indicios de ocultamiento y engaño o similares[116].

---

114 Cfr. Consejo de Estado, Sección Segunda, Subsección "A". Sentencia del 26 de septiembre de 2019, Rad. n.° 110010325000 2012 00490 00. C. P. William Hernández Gómez.

115 Comisión Nacional de Disciplina Judicial. Sentencia del 1 de julio de 2022. Rad. N. 760011102000 2018 01186 01. MP. Mauricio Rodríguez Tamayo. Comisión Nacional de Disciplina Judicial. Sentencia del 1 de julio de 2022. Rad. N. 760011102000 2018 01186 01. M. P. Mauricio Rodríguez Tamayo. Comisión Nacional de Disciplina Judicial. Sentencia del 26 de abril de 2023. Rad. N. 410011102000 2019 00471 01. M. P. Mauricio Fernando Rodríguez Tamayo.

116 *Ibidem.*

En tal virtud, la inclusión de los indicios de aptitud, actitud y comprensión en la valoración probatoria del dolo puede constituir un acierto ante las constantes críticas académicas respecto de la eficiencia de la acción de repetición cuando es calificado el comportamiento a través de aquel título subjetivo. Creemos que no existe algún tipo de obstáculo para que puedan ser aplicados porque el sistema de valoración probatoria en la repetición es la sana crítica, punto que también se comparte con el derecho disciplinario.

No hay duda de que la carga que asume una entidad estatal demandante en un proceso de repetición, aumenta cuando construye su pretensión sobre una imputación subjetiva dolosa, pues no solo deberá acreditar las condiciones previstas en la Ley 678 de 2001, sino que además, debe probar, que la conducta del agente estatal —fuente de una condena en su contra— se cometió por él conociendo los hechos prohibidos, con voluntad, con conciencia sobre la ilicitud de su comportamiento y que le era exigible otra conducta es decir, que ese agente pudo haberse comportado de otra forma para no incumplir los deberes que debía atender.

De este modo, la definición de dolo y la integración de sus diversos elementos tal como hoy existe en el derecho disciplinario, creemos que resulta plenamente aplicable para el juicio de repetición con el fin de ajustarse al estándar que exige el principio de culpabilidad en la medida en que existen puntos comunes entre la acción de reintegro y el disciplinario, como se indicó. En este juicio, al igual que en el disciplinario, se valoran conductas que se conectan con el incumplimiento de deberes funcionales que le son exigibles a los agentes estatales o a los particulares que ejercen funciones públicas.

En este orden de ideas, consideramos que es de gran utilidad complementar la percepción del dolo a partir de las posturas dogmáticas propias del derecho disciplinario, así como la forma de valorarlo probatoriamente, pues materialmente no es ni siquiera necesario adicionar los ingredientes del artículo 5. ° de la Ley 678 de 2001. Al contrario, precisamos que fue el mismo legislador quien propuso indirectamente que en el elemento volitivo resulte procedente revisar previamente la consciencia del destinatario, aspecto que debe apreciarse frente a los hechos y la ilicitud del comportamiento, como también ocurre en el sistema de control disciplinario.

Las reflexiones anteriores muestran que el régimen jurídico de la acción de repetición, no estableció reglas especiales concretas para examinar la conducta del agente estatal ya con nociones propias el dolo o de la culpa grave que se ajustaran al contenido del principio de culpabilidad, como una de las manifestaciones del derecho sancionatorio estatal, por lo cual resulta plenamente procedente y además coherente echar mano de esas mismas instituciones, tal como han sido desarrolladas por el derecho disciplinario, por un lado, en razón a que se trata también de una especie del derecho sancionatorio y, por otro lado, porque se trata de un sistema de control que recae en los servidores públicos por el eventual incumplimiento de sus deberes funcionales, lo que en cierta forma resulta compatible con los comportamientos dañosos de los agentes oficiales que comprometen la responsabilidad del Estado. De la misma forma, por lo menos frente al manejo de la culpa grave, advertimos las serias dificultades que surgen a la hora de acudir al concepto de culpa, como modalidad subjetiva con el tratamiento especial que tiene en el derecho penal, lo que aconseja migrar entonces a la modalidad de culpa gravísima que existe en el derecho disciplinario.

La nueva realidad constitucional del elemento subjetivo en la acción de repetición que nos mostró la Corte[117] desde el año 2020, definitivamente implica mirar de una forma diferente el dolo y la culpa grave, pues ni las nociones civiles ni tampoco las definiciones y presunciones previstas en la Ley 678 de 2001 hoy en día atienden ese nuevo escenario que además de ser plenamente garantista y respetuoso de los derechos fundamentales de los agentes estatales, resulta vinculante para la jurisdicción contenciosa administrativa. Este texto lo que busca es proponer una forma para lograr ese propósito, es decir, aplicar el régimen de la Ley 678 de 2001 con una visión respetuosa del principio de culpabilidad acudiendo a una de las especies del sancionatorio, esto es el derecho disciplinario, ciencia que está al servicio del Estado y que se ocupa precisamente de valorar conductas de los agentes estatales o particulares que cumplen funciones administrativas a partir de los comportamientos que ellos despliegan en el ejercicio de dichas atribuciones públicas, que dicho sea de paso, en algunos casos pueden dar tanto a que en su contra se dicten fallos sancionatorios de carácter disciplinario como sentencias judiciales que les ordenen reintegrar a una entidad estatal demandante la suma de dinero que esta debió asumir por el actuar del servidor o exservidor oficial que fue la causa eficiente de un daño antijurídico ocasionado a un tercero.

En este orden de ideas, cuando una entidad estatal pretende el reintegro por la vía de la repetición, además de cumplir con los requisitos dispuestos en la Ley 678 de 2001, en especial aquel que concierne con el elemento subjetivo, deberá proponer de cara a las instituciones del derecho disciplinario que integran el dolo o la culpa gravísima, como se explicó, cada uno de los aspectos que componen cada una de esas modalidades de culpabilidad. El juez administrativo, por su parte, le corresponderá confrontar esa postulación con aquello que se pruebe en el proceso para poder concluir, por lo menos en aquello que atañe con el dolo o la culpa grave, según lo plantee la entidad demandante, si se dan los elementos necesarios para acreditar que se probó el dolo —artículo 28 Ley 1952 de 2019— o la culpa gravísima —artículo 29 Ley 1952 de 2019—.

---

117 Corte Constitucional Colombia, Sentencias SU-354 de 2020 y SU-426 de 2021.

Por otro lado, quienes consideren que se debe acudir al derecho penal para resolver las nuevas exigencias del principio de culpabilidad al momento de estudiar el elemento subjetivo en la acción de repetición, deberán entonces ubicarse con base de la dogmática del derecho penal tanto para el dolo como para la culpa, con las dinámicas particulares que se destilan en esta especie del derecho sancionatorio estatal.

Las tareas que debe asumir el juez administrativo a la hora de definir sobre la procedencia de la repetición en contra de un agente o exagente estatal ahora son diferentes porque el elemento subjetivo no puede darse por satisfecho con el análisis frío de los requisitos desarrollados por la Ley 678 de 2001. Debe ir más allá a tal punto que si en la demanda respectiva y en las pruebas que se allegan al expediente no surgen o se demuestran las condiciones necesarias para acreditar la postulación de culpabilidad propuesta en el libelo genitor, no habrá otro camino que despachar desfavorablemente las pretensiones de la entidad demandante. Adicionalmente, si la demanda no incluye ese análisis con una visión propia del principio de culpabilidad el resultado también deberá ser adverso para la entidad estatal demandante. Creemos que este es un requisito sustancial de la demanda que debe atender y asumir el Estado cuando acude ante el juez de la repetición y su incumplimiento no podrá ser suplido por la judicatura. No podemos perder de vista, que este nuevo requisito —análisis del dolo o la culpa grave con enfoque del principio de culpabilidad— se constituye en un asunto sensible para garantizar el derecho de defensa del demandado, pues si no lo conoce desde el inicio del proceso judicial muy difícil le resultará posible defenderse y por esa misma razón no podrá ser sorprendido luego por el examen que de oficio efectúe el juez administrativo.

Por otro lado, al igual que ocurre en el derecho disciplinario, la pretensión procesal de la repetición que se incluye en la demanda deberá incluir la imputación fáctica y jurídica del comportamiento en el que incurrió el agente o exagente estatal que dio lugar a la condena patrimonial en contra del Estado por su actuar doloso o gravemente culposo. De este modo, esa imputación fáctica —hechos— debe incluir las circunstancias de modo, tiempo y lugar en las que se desarrolló la conducta atribuible al agente, que a su vez es fuente de su responsabilidad patrimonial. Igualmente, debe precisar con todo detalle la descripción concreta del por qué esa conducta es constitutiva de ser calificada como dolosa o cometida con culpa grave —imputación jurídica—. Para cumplir entonces con esa carga, la entidad demandante debe indicar en la demanda bajo qué supuestos de la Ley 678 de 2001 se conducirá el elemento subjetivo y adicionalmente deberá acudir a la definición de dolo o culpa gravísima prevista en la Ley 1952 de 2019 con especial cuidado de desarrollar cada uno de los componentes del dolo o de la culpa gravísima, según se trate.

En este orden de ideas, necesariamente, la demanda deberá esforzarse en efectuar un correcto, claro y preciso juicio de adecuación que incluya la conducta del agente estatal fuente del pedido de reintegro y luego efectuar su confrontación con la modalidad de culpabilidad postulada —dolo o culpa grave—. Al lado de las precisiones anteriores, la demanda, los medios de prueba y las solicitudes probatorias deberán ir encaminados a la demostración de esa imputación fáctica y jurídica. Así, si el juez encuentra que la entidad actora no logró probar la imputación fáctica o la jurídica o ambas, deberá negar las pretensiones de la demanda.

Las entidades estatales como titulares de la acción de repetición deben ser conscientes que deben cumplir con unas cargas legales y jurisprudenciales para tramitar dicho medio de control, pues el incumplimiento de esas cargas no podrá ser suplido por la judicatura y ante la negativa de las pretensiones incluso la condena en costas será otra consecuencia adversa que recaerá en su contra. En este preciso punto, creemos que es un error apoyar una política del uso indiscriminado de la repetición, pues al final el desgaste que sufre el propio Estado es mayor en términos de tiempo, desgaste administrativo, costos y también para el propio agente estatal quien deberá enfrentar un proceso ante la justicia con lo que ello implica.

1.5. LOS MECANISMOS DE DEFENSA PARA CONTROVERTIR EL ASPECTO SUBJETIVO EN LA ACCIÓN DE REPETICIÓN

Teniendo claro que el análisis del aspecto subjetivo, en el medio de control de repetición, exige valorarlo bajo el prisma del principio de culpabilidad ello trae consigo la necesidad de establecer cómo puede encaminarse la defensa del demandado, en este proceso contencioso administrativo, pues para el efecto, por un lado, tenemos que la falta de uno o de varios de los requisitos para su procedencia podría ser uno de ellos y, por otro lado, también la defensa cuenta con aquellos que atacan directamente la acreditación del aspecto subjetivo, es decir, los que recaen directamente sobre la conducta oficial que sustenta la pretensión de reintegro, que resulta ser precisamente el elemento que sufrió un cambio sustancial por cuenta de la nueva jurisprudencia de la Corte Constitucional.

El primer grupo de instrumentos de defensa concierne con la falta de uno o de varios de los requisitos legales para la procedencia de la acción de repetición regulados en la Ley 678 de 2001, pues si no se satisfacen, dicha pretensión no estará llamada a prosperar. En este punto, nos remitimos a las reflexiones que hicimos en el segundo capítulo de esta obra y que atañen con (i) la inexistencia de una obligación a cargo del Estado producto de una condena judicial, una conciliación o cualquier otra forma de terminación de un conflicto, o (ii) la falta de realización del pago, o (iii) la falta de acreditación de la condición del demandado como agente o exagente del Estado o de un particular que ejerza funciones públicas, o (iv) la inexistencia de una actuación dolosa o gravemente culposa relacionadas directamente con la obligación de pago del Estado.

De este modo, si el demandado prueba alguna de las circunstancias anteriores, lógicamente destruirá uno o varios de los pivotes que fundamentan la responsabilidad derivada de la acción de reintegro y, en consecuencia, la pretensión procesal elevada en ese sentido no estará llamada a prosperar.

Por otro lado, en un segundo grupo, contamos con el fenómeno de la caducidad del medio de control de repetición, en la medida en que también será un aspecto procesal que ineludiblemente podrá discutirse en sede de repetición para oponerse a las pretensiones derivadas de dicho instrumento legal cuando ello ocurra. De este modo, si la entidad estatal que pagó la condena por la actuación irregular de su agente o exagente no activa la acción de reintegro durante el lapso otorgado por la ley para el efecto, se cerrará cualquier camino tendiente a recuperar lo pagado en esas condiciones. El Consejo de Estado[118], frente a la ocurrencia de la caducidad en la acción de repetición, señaló recientemente:

> Dicha premisa no se discute, pues, en efecto, el ejercicio del medio de control de repetición permite buscar la integridad del patrimonio público en los casos en que el Estado ha sido condenado a la reparación patrimonial de los daños antijurídicos originados en las conductas dolosas o gravemente culposas de sus agentes; sin embargo, ello no puede significar, en modo alguno, que la Sala desconozca un presupuesto procesal como la caducidad, que se encuentra instituido para garantizar la seguridad jurídica de los sujetos procesales, por lo que a los interesados les corresponde asumir la carga procesal de promover el litigio dentro de ese plazo, y en caso de que ello no ocurra, precluye para ellos la posibilidad de accionar ante la jurisdicción para hacer efectivo su derecho.

Particularmente, en este numeral, nos ocupamos del tercer grupo de mecanismos de defensa que surgen frente a la acreditación o no del aspecto subjetivo de la acción de repetición, esto es, la conducta oficial dolosa o gravemente culposa del agente estatal en la medida en que es frente a este especial elemento que se produjo un cambio estructural en su análisis por cuenta de la aplicación del principio de culpabilidad. Valorar en la acción de repetición la conducta oficial del agente estatal con un enfoque respetuoso del principio de culpabilidad no solo se cumple acudiendo y aplicando las nociones del derecho disciplinario frente al dolo o la culpa gravísima, de acuerdo con el camino por el que opte la entidad estatal demandante en la demanda, sino que será necesario además y como consecuencia de esa nueva mirada, brindarle al demandado la posibilidad de alegar en su favor, si es del caso, las causales de exclusión de la culpabilidad que se encuentran previstas

118 Sección Tercera, Subsección "A", Sentencia de 23 de mayo de 2023, Expediente 68.642, C. P. Marta Nubia Velásquez Rico.

en la Ley 1952 de 2019. Adicionalmente, el demandado podrá defenderse en el juicio de repetición, alegando que la conducta oficial que desplegó no fue dolosa o gravemente culposa. Y ese medio defensivo, por supuesto, deberá integrarse de cara a las categorías propias del dolo o la culpa gravísima que se regulan en materia disciplinaria, como se indicó, y no solamente bajo las presunciones que de tales figuras o supuestos prevén las normas de la Ley 678 de 2001, pues se reitera que tienen que ir acompañadas del principio de culpabilidad.

Procederemos entonces a estudiar los diferentes medios defensivos que podrían proponerse en el medio de control de repetición con ocasión a la integración del principio de culpabilidad en la valoración de la conducta oficial frente a la actuación del agente o exagente estatal.

1.5.1. LAS CAUSALES DE EXCLUSIÓN DE RESPONSABILIDAD EN LA CULPABILIDAD DENTRO DE LA ACCIÓN DE REPETICIÓN

Al igual que el artículo 13[119] del Código Disciplinario Único contenido en la Ley 734 de 2002 —en adelante CDU—, el artículo 10[120] del Código General Disciplinario —en adelante CGD— afianza la prohibición de cualquier forma de responsabilidad objetiva en materia disciplinaria, razón por la cual, al tenor de esta norma, se establece la procedencia de la sanción disciplinaria únicamente cuando se ha demostrado la responsabilidad subjetiva del sujeto disciplinable, es decir, cuando la conducta haya sido realizada con culpabilidad, bien sea porque se cometió a título de dolo o culpa.

Particularmente, en el campo de la acción de repetición, al tener que introducirse la culpabilidad —precedente de la Corte Constitucional—, al momento de analizar el aspecto subjetivo de la conducta por parte de la judicatura, se torna necesario aplicar *mutatis mutandis* las causales de exclusión de la responsabilidad de la culpabilidad, tal y como se regula en el derecho disciplinario. De este modo, el demandado en un juicio de repetición podrá perfectamente proponer una o varias de las causales de exclusión si se dan los supuestos normativos para ello como mecanismos de defensa para atacar las pretensiones del medio de control. La

---

119 Artículo 13. Culpabilidad. «Artículo derogado a partir del 29 de marzo de 2022, por el artículo 265 de la Ley 1952 de 2019». En materia disciplinaria queda proscrita toda forma de responsabilidad objetiva. Las faltas sólo son sancionables a título de dolo o culpa.

120 Artículo 10. Culpabilidad. En materia disciplinaria solo se podrá imponer sanción por conductas realizadas con culpabilidad. Las conductas solo son sancionables a título de dolo o culpa. Queda proscrita toda forma de responsabilidad objetiva.

Corte Constitucional se refirió sobre el cardinal principio de culpabilidad que rige en materia disciplinaria, en el siguiente sentido[121]:

> La sujeción que debe el derecho disciplinario a la Constitución implica que además de garantizar los fines del Estado Social de Derecho, debe reconocer los derechos fundamentales que rigen nuestro ordenamiento jurídico, siendo la culpabilidad uno de ellos según lo consagrado en el artículo 29 Superior en virtud del cual *"Toda persona se presume inocente mientras no se le haya declarado judicialmente culpable"*.
>
> Es decir, que en nuestro sistema jurídico ha sido proscrita la responsabilidad objetiva y, por lo tanto, **la culpabilidad es *"Supuesto ineludible y necesario de la responsabilidad y de la imposición de la pena lo que significa que la actividad punitiva del estado tiene lugar tan sólo sobre la base de la responsabilidad subjetiva de aquellos sobre quienes recaiga"*.** Principio constitucional que recoge el artículo 14 del C.D.U. acusado, al disponer que *"en materia disciplinaria queda proscrita toda forma de responsabilidad objetiva y las faltas sólo son sancionables a título de dolo o culpa"*. Así lo ha reconocido la jurisprudencia de esta Corporación al señalar que
>
> el hecho de que el Código establezca que las faltas disciplinarias solo son sancionables a título de dolo o culpa, implica que los servidores públicos solamente pueden ser sancionados disciplinariamente luego de que se haya desarrollado el correspondiente proceso —con las garantías propias del derecho disciplinario y, en general, del debido proceso—, y que dentro de éste se haya establecido la responsabilidad del disciplinado.
>
> Si la razón de ser de la falta disciplinaria es la infracción de unos deberes, para que se configure violación por su incumplimiento, **el servidor público infractor solo puede ser sancionado si ha procedido dolosa o culposamente, pues como ya se dijo, el principio de la culpabilidad tiene aplicación no solo para las conductas de carácter delictivo, sino también en las demás expresiones del derecho sancionatorio, entre ellas el derecho disciplinario de los servidores públicos,** toda vez que
>
> el derecho disciplinario es una modalidad de derecho sancionatorio, por lo cual los principios de derecho penal se aplican mutatis mutandi en este campo pues la particular consagración de garantías sustanciales y procesales a favor de la persona investigada se realiza en aras del respeto de los derechos fundamentales del individuo en comento, y para controlar la potestad sancionadora del Estado. [negrita fuera del texto].

En ese sentido y, aceptando la tesis de que la categoría dogmática de la culpabilidad está constituida por los elementos del dolo, culpa y exigibilidad de un comportamiento diverso[122], se analizarán las causales que excluyen este elemento de la responsabilidad disciplinaria contempladas en el artículo 31 de la Ley 1952 de 2019, modificado por el artículo 5 de la Ley 2094 de 2021, los cuales, como

---

121 Corte Constitucional, Sentencia C-155 de 2002, M. P. Clara Inés Vargas Hernández.

122 Pinzón Navarrete, John Harvey, *La culpabilidad en el derecho disciplinario: concepto y análisis de sus distintos problemas conforme a la compleja estructura de la responsabilidad*. (Bogotá: IEMP, 2016), 59.

se precisó tienen plena aplicación en el ejercicio defensivo del demandado en el juicio de repetición.

Previo a efectuar el análisis correspondiente, debe señalarse que las causales traídas en el Código General Disciplinario no difieren de manera sustancial a las que se encontraban consignadas en el artículo 28 de la Ley 734 de 2002, las cuales se pueden observar en el siguiente cuadro ilustrativo:

Del anterior recuadro se observan algunos de los cambios traídos en la nueva legislación, uno de los cuales consistió en haber contemplado en numerales independientes las causales de fuerza mayor, caso fortuito, insuperable coacción ajena y miedo insuperable, así como también se dispuso de manera expresa la consecuencia jurídica aplicable en caso de configurarse el error de hecho o de derecho vencible y el error acerca de los presupuestos objetivos de una causal que excluya la responsabilidad disciplinaria.

A continuación, se examinarán las causales que excluyen la categoría dogmática de la culpabilidad en el régimen disciplinario del servidor público, aplicable al juicio de repetición, las cuales

> operan como la contracara del reproche jurídico, toda vez que, en ellas, se detecta la imposibilidad de haber actuado de conformidad con la norma; no se tiene una alternativa conforme a derecho y, por obra de un actuar no libre se llegó al quebrantamiento del orden jurídico, esto es, a la inexigibilidad de otra conducta[123].

1.5.1.1. EL ERROR DE HECHO Y DE DERECHO EN MATERIA DISCIPLINARIA

Uno de los supuestos que puede llegar a excluir la culpabilidad del demandado en el juicio de repetición es el error, entendido este como un "concepto equivocado o juicio falso"[124] sobre los elementos fácticos o jurídicos del comportamiento originador del daño antijurídico. Sin embargo, no cualquier error sobre estos elementos tiene la capacidad de liberar de responsabilidad, toda vez que se requiere que aquel sea de carácter **invencible**, lo que se traduce en la imposibilidad del agente o exagente estatal de actuar de otra manera, a pesar de haber "cumplido con sus deberes de

---

123 Gómez Pavajeau, Carlos Arturo y Pinzón Navarrete, John Harvey, *Tratado de derecho disciplinario. Tomo I, Parte sustancial general*, 663.

124 "Error", Diccionario de la Real Academia Española, https://dle.rae.es/error.

información y reflexión en debida forma, esto es, ha cumplido entre otros preceptos por sus deberes de actualización y capacitación, que son a la vez derechos"[125].

Sobre este particular, la jurisprudencia contencioso-administrativa ha señalado que para su configuración se requiere necesariamente de la presencia de dos requisitos, a saber: i) la existencia de un convencimiento errado y ii) que el error sea de carácter invencible, lo cual ha sido explicado en los siguientes términos[126]:

> En lo que respecta a la fijada en el ordinal 6. de la norma invocada consistente en que no hay responsabilidad cuando se actúa "[...] Con la convicción errada e invencible de que su conducta no constituye falta disciplinaria [...]" debe decirse que la misma conlleva dos requisitos que deben confluir para que sea aceptada por la autoridad disciplinaria a saber: i) Que exista un convencimiento errado y ii) que el error sea invencible.
>
> El primero de los eventos citados se materializa cuando el disciplinado actúa con la total y sincera creencia de que lo hace conforme lo señala el ordenamiento jurídico, esto es, su proceder lo efectuó de buena fe. El segundo ítem hace alusión a que el error sea invencible, lo que quiere significar que no era humanamente superable en consideración a las condiciones personales del servidor público y las circunstancias en las que se ejecutó el comportamiento[127]. En palabras de esta subsección el error es invencible cuando "[...] su entidad sea tal **que sea imposible salir de la equivocación[128]** [...]" lo que implica que **" [...] solo se puede eximir de responsabilidad cuando el ilícito disciplinario se comete de buena fe[129] por ignorancia invencible** [...]" (Resalta la sala).
>
> Reunidos tales parámetros, el sujeto disciplinable no puede ser considerado responsable a título de dolo o culpa «[...] porque en el encartado no hay la conciencia de la ilicitud de su acción, sin el cual el fenómeno no se estructura.

---

125 Comisión Nacional de Disciplina Judicial. Sentencia del 11 de mayo de 2022, radicación n.° 520011102000201800101 01, M. P. Mauricio Fernando Rodríguez Tamayo.

126 Consejo de Estado. Sala de lo Contencioso Administrativo. Sección Segunda, Subsección A. Sentencia del 24 de agosto de 2017, radicación n.° 76001-23-31-000-2006-02973-02(1378-10). C. P. William Hernández Gómez.

127 Consejo de Estado. Sala de lo Contencioso Administrativo. Sección Segunda. Subsección B. C. P. Bertha Lucia Ramírez de Páez (e). Bogotá D. C. 27 de febrero de 2014. Radicación: 11001-03-25-000-2012-00888-00(2728-12). Actor: Albeiro Freddy Patiño Velasco. Demandado: Dirección de Impuestos y Aduanas Nacionales. En esta providencia se analizó la causal de exclusión de responsabilidad contenida en el numeral 6.° del artículo 28 de la Ley 734 de 2002.

128 Consejo de Estado. Sala de lo Contencioso Administrativo. Sección Segunda. Subsección A. C. P. Alfonso Vargas Rincón. Bogotá, D.C. 16 de julio de 2014. Radicación: 11001-03-25-000-2011-00680-00(2622-11). Actor: Alba Leticia Chaves Jiménez. Demandado: Procuraduría Regional del Valle del Cauca.

129 Consejo de Estado. Sala de lo Contencioso Administrativo. Sección Segunda. Subsección A. C. P. Alfonso Vargas Rincón. Sentencia de 7 de febrero de 2008. Radicación: 25000-23-25-000-2001-11811-01(2941-05).

Tampoco le puede ser reprochable a título de culpa porque actuó con el cuidado y diligencia para determinar que su conducta no era contraria a la ley [...]»[130]

Esta hipótesis fue consagrada en el numeral 8° del artículo 31 de la Ley 1952 de 2019, norma que señala que no habrá lugar a responsabilidad disciplinaria —entiéndase repetición— cuando el comportamiento se realice:

> 8. Con la convicción errada e invencible de que su conducta no constituye falta disciplinaria. Si el error fuere de hecho vencible, se sancionará la conducta a título de culpa, siempre que la falta admita tal modalidad. De ser vencible el error de derecho, se impondrá, cuando sea procedente, la sanción de destitución y las demás sanciones graduables se reducirán en la mitad. En los eventos de error acerca de los presupuestos objetivos de una causal que excluya la responsabilidad disciplinaria, se aplicarán, según el caso, los mismos efectos del error de hecho. Para estimar cumplida la conciencia de la ilicitud basta que el disciplinable haya tenido la oportunidad, en términos razonables, de actualizar el conocimiento de lo ilícito de su conducta.

De igual forma, del artículo citado se desprende la existencia de las dos tipologías de error que han sido desarrolladas ampliamente por la doctrina[131] y la jurisprudencia disciplinaria, a saber: el error de hecho y el error de derecho. En esa medida, el **error de hecho** se configura no solo cuando el agente estatal "actúa sin saber que su conducta constituye un comportamiento típico a la luz de la ley disciplinaria"[132], sino que también se puede producir cuando el individuo se comporta bajo el convencimiento errado de estar en alguna de las causales que excluye la responsabilidad, es decir, que en ambos casos hay una distorsión sobre "los *supuestos fácticos* de la norma de mandato o de excusa"[133]. Así las cosas, el Código General Disciplinario dispuso de manera expresa que "en los eventos de error

---

[130] Consejo de Estado. Sala de lo Contencioso Administrativo. Sección Segunda. Subsección B. C. P. Sandra Lisset Ibarra Vélez. Bogotá D. C. 19 de marzo de 2015. Radicación: 11001-03-25-000-2009-00132-00(1907-09). Actor: Helman Eliecer Soto Martínez. Demandado: Procuraduría General de la Nación.

[131] Al respecto ver Pinzón Navarrete, John Harvey, *La culpabilidad en el derecho disciplinario: concepto y análisis de sus distintos problemas conforme a la compleja estructura de la responsabilidad*, 59; Gómez Pavajeau, Carlos Arturo y Pinzón Navarrete, John Harvey. *Tratado de derecho disciplinario. Tomo I, Parte sustancial general*, 663. Gómez Pavajeau, Carlos Arturo, *Dogmática del Derecho Disciplinario: de acuerdo con la actualizada Ley 1952 de 2019.*

[132] Fetecua Rodríguez, Juan Sebastián Ernesto, "Ensayo n.° 5: aproximación al tema del error como causal de exclusión de responsabilidad disciplinaria", en *Tomo II: Debates fundamentales sobre derecho disciplinario,* Carlos Arturo Gómez Pavajeau y John Harvey Pinzón Navarrete (Dir.), 169.

[133] Gómez Pavajeau y Pinzón Navarrete, *op. cit.*, 663.

acerca de los presupuestos objetivos de una causal que excluya la responsabilidad disciplinaria, se aplicarán, según el caso, los mismos efectos del error de hecho".

En ese orden de ideas, cuando el error vicie "de forma íntegra e insuperable el conocimiento de los hechos para haber actuado de forma correcta"[134], se estará ante la presencia de un **error de hecho invencible** y, por ende, se deberá excluir el elemento de la culpabilidad. Mientras que, en tratándose de un **error de hecho vencible,** esto es, cuando el sujeto "actuó de buena fe, pero no exenta de culpa"[135], por cuanto pudo comportarse de otra manera, pero no lo hizo, en tanto omitió sus deberes de información y reflexión[136], la disposición normativa —a diferencia de lo consignado en el numeral 6° del artículo 28 de la Ley 734 de 2002— consagró de manera taxativa el efecto jurídico de su configuración, consistente en que el título de imputación subjetiva será la culpa, siempre y cuando la falta disciplinaria admita esta modalidad, de acuerdo al sistema de *numerus apertus*[137] que rige en materia disciplinaria.

Por su parte, el **error de derecho** versa sobre "un elemento o componente normativo o jurídico"[138], por lo que se afecta la conciencia de la ilicitud. Son ejemplos de esta tipología los

> errores en torno a la existencia de la norma, su vigencia espacial y/o temporal, sobre la validez jurídica formal y material, sobre la interpretación jurídica, sobre la suposición de la existencia de una eximente de ilicitud típica y sobre los

134 Comisión Nacional de Disciplina Judicial. Sentencia del 11 de mayo de 2022, radicación n.° 520011102000201800101 01, M. P. Mauricio Fernando Rodríguez Tamayo.

135 Gómez Pavajeau y Pinzón Navarrete, *op. cit.*, 660.

136 *Ibidem*, 660.

137 Sobre este sistema, la Corte Constitucional precisó que «el legislador en ejercicio de su facultad de configuración también ha adoptado un sistema amplio y genérico de incriminación que ha sido denominado *"numerus apertus"*, en virtud del cual no se señalan específicamente cuales comportamientos requieren para su tipificación ser cometidos con culpa -como sí lo hace la ley penal-, de modo que en principio a toda modalidad dolosa de una falta disciplinaria le corresponderá una de carácter culposo, salvo que sea imposible admitir que el hecho se cometió culposamente como cuando en el tipo se utilizan expresiones tales como *"a sabiendas"*, *"de mala fe"*, *"con la intención de"* etc. Por tal razón, el sistema de *numerus apertus* supone igualmente que el fallador es quien debe establecer cuales tipos disciplinarios admiten la modalidad culposa partiendo de la estructura del tipo, del bien tutelado o del significado de la prohibición». Corte Constitucional, Sentencia C-155 de 2002, expediente D-3680, M. P. Clara Inés Vargas Hernández.

138 Consejo de Estado. Sala de lo Contencioso Administrativo. Subsección "A". Sentencia del 16 de mayo de 2019, radicación n.° 11001-03-25-000-2013-01115-00(2637-13). C. P. Gabriel Valbuena Hernández.

límites del ejercicio de deberes funcionales, personales y derechos funcionales y personales[139].

En ese orden de ideas, si el **error de derecho es invencible**, es decir, "cuando el agente no consigue percibir la ilicitud de su actuación a pesar de haber empleado su atención de acuerdo con las circunstancias del caso, de su personalidad, y de su círculo vital y profesional", se excluye el elemento de la culpabilidad[140] y, por tanto, debe absolverse al agente estatal. Por el contrario, si el **error de derecho es vencible,** se mantiene el juicio de reproche y, en virtud del tratamiento jurídico dispuesto por el Código General Disciplinario, se atenúa la sanción.

Nótese entonces que, a la luz de la norma, resulta plausible mantener la imputación subjetiva de la conducta a título de dolo, por lo que el elemento volitivo estará conformado por la voluntad, el conocimiento de los hechos y la conciencia eventual o potencial —no actual— de la ilicitud, la cual se verifica con el hecho de que el "disciplinable haya tenido la oportunidad, en términos razonables, de actualizar el conocimiento de lo ilícito de su conducta". Este tratamiento jurídico del error de derecho vencible, que hoy regula de manera expresa el CGD, fue planteado en su momento por el profesor Sánchez Herrera, en los siguientes términos[141]:

Si se quiere ser consecuente con el principio de culpabilidad, que rige en todo el derecho sancionatorio, es claro que **el error vencible** (de derecho) debe tener una sanción atenuada respecto del hecho cometido sin error alguno. **No hay que olvidar que frente al evento planteado el comportamiento sigue siendo doloso**, por lo tanto, el reproche permanece, pero de manera atenuada. Y la consecuencia material solo es predicable de aquella sanción que desde su naturaleza y connotación es posible graduar; como la destitución y la amonestación no son graduables, ellas permanecerán inmutables. Esta tesis lo que pretende es aplicar un criterio de justicia material que no propende a la impunidad por ningún motivo, **por el contrario, deja la imputación dolosa** y atenúa la sanción que es susceptible de graduación.

De lo expuesto anteriormente, se observa que la regulación contenida en el CGD, en torno a los errores de hecho y de derecho, invencibles y vencibles, resuelve de manera diáfana su tratamiento jurídico, situación que antes no se con-

---

139 Gómez y Pinzón, *Tratado de derecho disciplinario,* 666.

140 Consejo de Estado. Sala de lo Contencioso Administrativo. Sección Segunda. Subsección B. Sentencia del 14 de octubre de 2021, radicación n.° 11001-03-25-000-2011-00412-00(1537-11). C. P. César Palomino Cortés.

141 Sánchez Herrera citado en Pinzón, *La culpabilidad en el derecho disciplinario,* 63 y 64.

templaba en el CDU y que dio origen a las diferentes posturas en el seno de la doctrina nacional.

1.5.1.2. La colisión entre deberes funcionales y deberes personales

Esta causal de exclusión de la categoría dogmática de la culpabilidad se desprende del numeral 3° del artículo 31 de la Ley 1952 de 2019, que refiere el "el estricto cumplimiento de un deber constitucional o legal de mayor importancia que el sacrificado" y se configura cuando surge una «colisión» entre deberes funcionales y deberes personales del agente estatal.

En este caso, el servidor público antepone un deber —personal o familiar—, bien sea de carácter constitucional o legal, que considera de mayor importancia que el deber funcional pretermitido, circunstancia que conduce inexorablemente a la inexigibilidad de un comportamiento diverso a cargo del funcionario público. Esta causal se diferencia de la colisión entre deberes funcionales[142], supuesto en el cual se excluye el ilícito disciplinario[143] —repetición— y se requieren además los siguientes requisitos para su configuración[144]:

> Para que opere la causal de exclusión de responsabilidad disciplinaria estudiada, deben darse los siguientes elementos: 1. Tener mínimo dos deberes constitucionales o legales, relacionados con la función o servicio que se presta por parte del servidor público implicado; 2. El cumplimiento del deber ha de ser estricto; 3. No se puede pregonar entre deberes omisivos; 4. Uno de los deberes debe cumplirse en menoscabo del otro, por tener mayor jerarquía; 5. El cumplimiento de los deberes debe estar en cabeza del mismo servidor público; 6. El disciplinable debe conocer que actúa para hacer prevalecer el de mayor jerarquía.
>
> Sustenta el investigado la causal estudiada, en que, frente a los deberes, esto es el de licitación pública supuestamente incumplido de los requisitos para contratar al amparo constitucional, mayor era el deber del gobernador de garantizar el

142 Al respecto ver: Comisión Nacional de Disciplina Judicial. Sentencia del 6 de abril de 2022, radicación n.° 230011102000201800244 02, M. P. Julio Andrés Sampedro Arrubla; sentencia del 16 de noviembre de 2022, radicación n.° 200011102000201900064 01, M. P. Mauricio Fernando Rodríguez Tamayo; sentencia del 22 de junio de 2022, radicación n.° 110011102000 2018 07160-01. M. P. Carlos Arturo Ramírez Vásquez y sentencia del 6 de septiembre de 2023, radicación n.° 11001110200020190007001, M. P. Carlos Arturo Ramírez Vásquez.

143 Comisión Nacional de Disciplina Judicial. Sentencia del 6 de abril de 2022, radicación n.° 230011102000201800244 02, M. P. Julio Andrés Sampedro Arrubla.

144 Consejo de Estado. Sala de lo Contencioso Administrativo. Sección Segunda. Subsección B. Sentencia del 14 de octubre de 2021, radicación n.° 11001-03-25-000-2011-00412-00(1537-11). C. P. César Palomino Cortés.

derecho al mínimo vital de los niños, el que cumplió al momento de suscribir los convenios cuestionados.

Dentro del sub iudice no se cuestiona la finalidad de la contratación suscrita, sino el desconocimiento de los principios de responsabilidad, transparencia y selección objetiva, al momento de firmarse los convenios reprochados, si bien los mismos podían contener un objeto altruista o loable, no descarta por sí mismo, se obvie el cumplimiento de los requisitos señalados en la ley. En esa medida, la colisión entre deber funcional y deber ajeno a la función pública es un aspecto que, según la doctrina, debe resolverse en el campo de la culpabilidad, ante la inexigibilidad de otra conducta[145].

1.5.1.3. COLISIÓN ENTRE DEBERES FUNCIONALES Y DERECHOS PERSONALES O DE TERCEROS

Esta causal de exclusión de la culpabilidad se deriva del numeral 5° del artículo 31 de la Ley 1952 de 2019 que señala que no habrá responsabilidad disciplinaria cuando la conducta del sujeto se realice "para salvar un derecho propio o ajeno al cual deba ceder el cumplimiento del deber, a causa de la necesidad, adecuación, proporcionalidad y razonabilidad". Se presenta entonces cuando el servidor público omite el cumplimiento de sus deberes funcionales —fuente de un daño antijurídico que ocasionó una condena en contra del Estado— y, en su lugar, da prelación al ejercicio de un derecho personal o de un tercero, situación que deberá ser analizada por el juez de la repetición conforme a los principios de necesidad[146], adecuación[147], proporcionalidad[148] y razonabilidad[149]. Algunos ejemplos de esta causal se concretan en los siguientes escenarios:

---

145 Gómez Pavajeau, Carlos Arturo, *Dogmática del Derecho Disciplinario*, 559.

146 «La necesidad resulta de la ausencia de una opción diversa o alternativa idónea de actuación con la cual se hubiera podido ejercer el derecho en controversia, al mismo tiempo que cumplir su deber funcional como servidor del Estado». Dirección Distrital de Asuntos Disciplinarios, "Circular 021 de 2023 secretaría jurídica distrital-dirección distrital de asuntos disciplinarios", Alcaldía de Bogotá, 23 de junio de 2023, https://www.alcaldiabogota.gov.co/sisjur/normas/Norma1.jsp?i=145892#_edn10.

147 «Igualmente debe existir adecuación o coincidencia entre la conducta que conlleva un deber sacrificado o incumplido y la necesaria preservación–salvación–del derecho propio o ajeno». *Ibidem.*

148 «Consiste en la ponderación entre el grado de satisfacción o preservación —en caso de amenazas graves contra una persona— del derecho que se aduce, frente a la afectación que se causa al deber funcional y a la función pública, o incluso, a los derechos de otras personas». *Ibidem.*

149 «*La razonabilidad hace relación a que un juicio, raciocinio o idea esté conforme con la prudencia, la justicia o la equidad que rigen para el caso concreto. Es decir, cuando se*

> 1) confrontación del derecho a la huelga, frente al deber de cumplir el horario, de permanecer en el lugar de trabajo y de desempeñar las funciones del cargo; 2) derecho al trabajo, frente al deber funcional de restituir el espacio público invadido por los vendedores estacionarios; 3) derecho a capacitarse o a ejercer la docencia dentro del límite legal permitido, frente al deber funcional de cumplir el horario de trabajo y de desempeñar las funciones del cargo; y 4) derecho a no actuar contra la propia conciencia, frente a cualquier deber que obre en contra de los dictados de la misma[150].

Otro ejemplo de aplicación de esta causal la encontramos en la decisión adoptada por la Comisión Nacional de Disciplina Judicial el 3 de marzo de 2021, en la cual decidió decretar la terminación y archivo del proceso disciplinario seguido en contra de un funcionario judicial, puesto que no evidenció actuar desmedido del disciplinado que cruzara los límites de la compostura y tampoco amenaza alguna en contra de los miembros la Policía Nacional, sino que, por el contrario, encontró probado que las actuaciones del funcionario estuvieron encaminadas a la defensa de los derechos de un adulto mayor, que estimó estaba siendo agredida por un oficial de la policía. Así, precisó lo siguiente:

> Debe aclararse que, ciertamente al comienzo de la grabación logra evidenciarse una expresión por parte del acá inculpado que no pasa desapercibida por considerarse origen de polémicos escenarios sociales, no obstante, mal haría esta Comisión en endilgar una falta disciplinaria sin tener en cuenta la gravedad de la conducta, el contexto en el que se desarrollaron los hechos y las razones que originaron el proceder de los implicados, por tanto no todo actuar u omisión del funcionario es reprimido, menos aún cuando lo que se intentaba era demostrar un acto altruista en contra de lo que consideró como un ejercicio arbitrario de la autoridad o su posible desviación. [...]
>
> De esta manera, se tiene que el hecho de defender a una persona en situación de vulnerabilidad que pensó estaba siendo agredida por un oficial de policía, fue lo que exaltó el ánimo del doctor (...), quien ha manifestado ser fiel protector de los derechos del adulto mayor y, fue lo que lo llevó a actuar como cualquier ciudadano haría en contra de la posible vulneración de los mismos por parte de la autoridad.
>
> Por otro lado, si bien podría pensarse en la posibilidad de encuadrar en el presente caso, una conducta contraria a lo establecido en el artículo 154, numeral 6 de la Ley 270 de 1996, que indica:
>
> ARTÍCULO 154. PROHIBICIONES. A los funcionarios y empleados de la Rama Judicial, según el caso, les está prohibido:(...) 6. Realizar en el servicio en la vida

---

justifica una acción o expresión de una idea, juicio o raciocinio por su conveniencia o necesidad». Corte Constitucional. Sentencia C-530 de 1993. Expediente D-260, M. P. Alejandro Martínez Caballero.

150 Alejandro Ordoñez Maldonado, *Justicia Disciplinaria* (Bogotá: Instituto de Estudios del Ministerio Público, 2009), 51.

social actividades que puedan afectar la confianza del público u observar una conducta que pueda comprometer la dignidad de la administración de justicia.

Debe señalarse que, con base al elemento audiovisual arribado, en ningún momento se evidencia, tal como se expuso en el escrito de queja, amedrentamiento o amenaza alguna por parte del togado y en contra de la institución policial que pudiera haber afectado la confianza del público o comprometido la dignidad de la administración, por el contrario, el acá investigado demostró en todo momento estar en defensa de una población que efectivamente es una de las más vulnerables en la sociedad actual.

Tan es así que en el video se denota el apoyo que recibe por parte del adulto mayor, lo cual corrobora el hecho de que no se vio gravemente comprometida la dignidad de la administración de justicia, y que el actuar denunciado estuvo encaminada igualmente a defender los derechos de las personas mayores y velar por el trato digno y respetuoso que se merece cada una de ellas.

Así las cosas, y teniendo en cuenta lo enfático que pudo llegar a ser el doctor (...), al pretender amparar los derechos del adulto mayor, al pensar que se estaban viendo vulnerados, lo cual resulta completamente comprensible viendo el contexto en el que se encontraban los demás espectadores quienes culpaban a los oficiales de policía de haber maltratado al hombre de edad avanzada, esta Comisión no encuentra mérito suficiente para continuar con las diligencias en su contra, máxime al no evidenciar ánimo alguno de amedrentar o amenazar a los oficiales de policía pues, se reitera, las actuaciones y manifestaciones del letrado inculpado fueron realizadas con ánimo de defender los derechos de quienes veía estaban siendo afectados por el comportamiento de las autoridades. [...]

Así las cosas, es entendible el hecho de que el inculpado haya solicitado información respecto a los datos de identificación tanto del agente de policía como de su comandante, y no por ello debe decirse que su intención haya sido deshonrar, amenazar o amedrentar de alguna manera a la institución, pues, como lo reiteró y explicó ampliamente en su versión libre, su única finalidad, era defender de cualquier posible atropello al adulto mayor, siendo esta efectivamente una de las poblaciones más vulnerables en la sociedad actual, por lo que estaríamos ante la causal de exclusión de responsabilidad prevista en el artículo 28 numeral 4 de la Ley 734 de 2002[151].

En esa medida, corresponderá al juez de la repetición verificar la existencia del deber funcional sacrificado que pudo ser fuente de una condena en contra del Estado y el derecho personal o de un tercero; la importancia y prevalencia de éste último frente al deber funcional; debe darse aplicación a los principios de necesidad, adecuación, proporcionalidad y razonabilidad del comportamiento del sujeto disciplinado y debe estar presente el elemento subjetivo, es decir, el conocimiento

151 Comisión Nacional de Disciplina Judicial. Auto del 3 de marzo de 2021, radicación n.° 110010102000201601111 00. M. P. Magda Victoria Acosta Walteros.

del funcionario de que su comportamiento implica el sacrificio de un deber funcional en beneficio de un derecho personal o de un tercero[152].

1.5.1.4. LA INSUPERABLE COACCIÓN AJENA

El numeral 6° del artículo 31 de la Ley 1952 de 2019 contempla como causal excluyente de la responsabilidad la "insuperable coacción ajena", entendida "como una fuerza física —vis absoluta— o moral —vis compulsiva— que se imprime sobre un sujeto para obligarlo a realizar una conducta o a omitir un acto, es así como para su configuración existen dos personas: el coaccionador y el coaccionado"[153].

En ese sentido, al funcionario público le es inexigible un comportamiento diverso, puesto que su voluntad se ve anulada por la coacción (física o moral) *insuperable* de un tercero —coaccionador—, razón que le imposibilita actuar conforme al ordenamiento jurídico[154].

Sobre este punto, resultan válidas las consideraciones que la jurisprudencia de la Corte Suprema de Justicia ha realizado en torno a la "insuperable coacción ajena", en punto a determinar sus características y los requisitos necesarios para su configuración, los cuales resultan aplicables en materia disciplinaria. Veamos:

> Bien es sabido que la atribución de responsabilidad parte de la base de que la conducta punible haya tenido realización con conocimiento y voluntad o, lo que es lo mismo, con inteligencia y libertad.
>
> Cuando la comisión del comportamiento prohibido se encuentra precedida de violencia material o moral por parte de una fuerza exterior que proviene de un tercero, de modo que se anule la libertad del agente y, a manera de instrumento, se vea constreñido, de forma francamente insuperable, a ejecutar un acto no espontáneo que su voluntad no admitiría jamás, sino fuera porque ha sido privado bajo amenaza de su facultad de decisión, se está ante la circunstancia de inculpabilidad, descrita en el numeral 8° del artículo 32 del Código Penal.
>
> De tiempo atrás, nuestro ordenamiento penal acogió como causa de exculpación, disculpa o ausencia de responsabilidad, la coacción ajena, siempre que ella sea insuperable (artículo 32.8 del Código Penal), circunstancia que excluye la culpabilidad y, por tanto, la reprochabilidad subjetiva de la conducta prohibida.
>
> Así, se ha establecido que hay inexigibilidad penal subjetiva respecto del comportamiento impulsado por el apremio insuperable de un tercero —o *vis compulsiva* exculpante—, cuando el sujeto pasivo de la coerción conoce y entiende que el acto impelido por la fuerza —física o psíquica (moral)— es ilícito, pero

---

152 Sánchez Herrera, Esiquio Manuel, *Dogmática Practicable del Derecho Disciplinario* (Bogotá: Ediciones Nueva Jurídica, 2020), 181.

153 *Ibidem*, 182.

154 Gómez Pavajeau y Pinzón Navarrete. *Tratado de derecho disciplinario*, 673.

lo ejecuta movido por el constreñimiento grave, intencional, ilícito, inminente o actual e irresistible de otro sujeto[155].

En esta misma línea, la Corte Suprema precisó los componentes necesarios para su configuración, a saber:

> En síntesis, para predicar la existencia de la insuperable coacción ajena deben concurrir los siguientes presupuestos, a saber:
>
> Que haya peligro inminente, es decir, que no sea futuro o incierto, pero sí serio o inevitable por otro medio.
>
> b) Que se advierta un mal que para el violentado sea de naturaleza más grave que el que puede ocasionar con la comisión del hecho ilícito propuesto.
>
> c) Que no pueda ser evitado sino realizando ese hecho prohibido por la ley, es decir, que la conducta ilícita no haya sido consentida previamente.
>
> En esas condiciones, la coacción se erige en el empleo de la fuerza física o síquica presente o futura sobre una persona para lograr de ella un comportamiento de acción o de omisión, que en otras circunstancias voluntariamente no realizaría[156].

De lo anterior se desprende entonces que no cualquier coacción por parte de un tercero tiene la entidad para excluir la responsabilidad patrimonial, por ausencia del elemento de la culpabilidad, puesto que se requiere que el juez de la repetición verifique en cada caso: (i) la existencia de una fuerza física o moral externa; (ii) su carácter irresistible, actual, inminente y grave; (iii) que incida sobre su voluntad y, por ende, en su comportamiento, y (iv) que el sujeto pasivo entienda y conozca que la acción u omisión a la que se obliga comporta un ilícito disciplinario[157].

1.5.1.5. EL MIEDO INSUPERABLE

Por su parte, el numeral 7° del artículo 31 de la Ley 1952 de 2019 refiere el miedo insuperable como causal de exclusión de responsabilidad, circunstancia en la que se produce una “angustia por un riesgo o daño real o imaginario”[158], es decir, una afectación psicológica en el funcionario público, la cual le resulta *insuperable* y puede provenir de cualquier “otra situación propiciada por personas, animales

---

155 Corte Suprema de Justicia. Sala de Casación Penal, sentencia del 5 de mayo de 2021, radicación n.° 51.779, M. P. Eyder Patiño Cabrera.

156 Ver CSJ SP 24 oct. 2007, rad. 22005; CSJ SP2430-2018, 27jun. 2018, rad. 45909 citadas en Corte Suprema de Justicia. Sala de Casación Penal, Sentencia del 6 de octubre de 2022, radicación n.° 52067, M. P. Hugo Quintero Bernate.

157 Sánchez Herrera, *Dogmática Practicable del Derecho Disciplinario*, 182.

158 “Miedo”, Diccionario de la Real Academia Española, https://dle.rae.es/miedo?m=form.

o la naturaleza"[159]. Esta causal requiere, para su configuración, los siguientes presupuestos:

- Puede provenir de distintas situaciones (fobias, hechos de la naturaleza, experiencias vividas, entre otras), incluidas aquellas causadas por otras personas, pero sin que estas signifiquen coacción.
- Debe tratarse de una perturbación angustiosa del individuo, caracterizado por su temor a la ocurrencia de un riesgo, daño o mal.
- Debe ser considerable y trascendental; es decir, de tal importancia que se torne en insuperable. Ello, desde luego, efectuándose el análisis para cada caso, pues para lo que una persona puede ser algo normal, para otra puede comportar una situación emocional que sea capaz de anularlo.
- Al igual que la coacción ajena, debe determinar el comportamiento del individuo, de tal forma que no le deje alternativa para comportarse de otra manera[160].

Sobre esta causal, la Comisión Nacional de Disciplina Judicial, al evaluar el comportamiento de una funcionaria judicial, consistente en haber concedido el beneficio de libertad condicional a un condenado por el delito de acto sexual violento contra una menor de edad, en contravía de la prohibición expresa contenida en el Código de Infancia y Adolescencia (Ley 1098 de 2006), refirió que las alteraciones emocionales de la disciplinada, provocadas principalmente por la sobrecarga laboral y el proceso penal que se seguía en su contra, no impidieron a la servidora pública la comprensión de la ilicitud de su comportamiento o determinarse conforme a esa comprensión, como para configurar la causal de exclusión de responsabilidad disciplinaria por el miedo insuperable. Veamos lo que precisó en su oportunidad la corporación:

> En virtud de lo relatado por esta testigo, la sala confirma que para la fecha de los hechos presentaba una patología, que pudo ser consistente con el cuadro mixto de ansiedad y depresión diagnosticado posteriormente por siquiatría. Sin embargo, no se advierte que esa enfermedad haya impedido comprender la ilicitud de su comportamiento o determinarse conforme a esa comprensión, pues:
>
> El trastorno mixto depresivo y de ansiedad se caracteriza por síntomas tanto de ansiedad como de depresión más días que durante un período de dos semanas o más. Los síntomas depresivos incluyen estado de ánimo deprimido o interés o placer notablemente disminuidos en las actividades. Existen múltiples síntomas de ansiedad, que pueden incluir sentirse nervioso, ansioso o al límite, no poder controlar los pensamientos preocupantes, miedo a que suceda algo terrible, problemas para relajarse,

[159] Gómez y Pinzón, *Tratado de derecho disciplinario,* 674.

[160] Ordoñez Maldonado, *Justicia Disciplinaria,* 62 y 63

> tensión muscular o síntomas simpáticos autónomos. Ningún conjunto de síntomas, considerados por separado, es lo suficientemente grave, numeroso o persistente como parajustificar un diagnóstico de otro trastorno depresivo o un trastorno relacionado con la ansiedad o el miedo. Los síntomas resultan en una angustia significativa o un deterioro significativo en las áreas de funcionamiento personal, familiar, social, educativo, ocupacional u otras áreas importantes. No hay antecedentes de episodios maníacos o mixtos, lo que indicaría la presencia de un trastorno bipolar.
>
> Como se puede apreciar, aunque el diagnóstico hallado en la funcionaria pudo afectar significativamente su desempeño ocupacional (**causa**), no se aprecia que haya tenido **efectos** sobre la capacidad de comprender la naturaleza ilícita de su actuar (esfera intelectiva) o de determinarse conforme a la comprensión de esa ilicitud (esfera volitiva).
>
> En otras palabras, la presencia constante del llanto, angustia, pensamientos preocupantes o miedo a que suceda algo terrible referidos por la testigo no condicionó que estuviera incapacitada para discernir —de forma permanente o transitoria— que la concesión de la libertad condicional para el señor Borrego Gamarra constituía un acto ilegal (esfera intelectiva), y tampoco implicaron un impulso incontrolable para suscribir la providencia en esos términos (esfera volitiva). De ahí que su conducta no fue realizada en situación de inimputabilidad.
>
> Finalmente, **resta aclarar que el comportamiento de la inculpada tampoco se explica en razón del miedo insuperable, pues de haber sido condicionado por esa fuerte emoción, lo lógico es que su conducta hubiese sido omisiva.** En otras palabras, si la atemorizaba cumplir ese deber, no habría firmado la decisión, pero en lugar de ello procedió a hacerlo en contravía de la expresa prohibición legal. Así, resultaría un contrasentido excusar su comportamiento **activo** al margen de la ley, por haberse sentido intimidada para suscribir las providencias, pues en ese caso habría **omitido** emitir la que ahora se cuestiona[161].

En este orden de ideas, cualquiera de las causales de exclusión de responsabilidad en el elemento de culpabilidad puede ser propuestas como mecanismos de defensa por el demandado dentro del juicio de repetición, aplicando para el efecto la regulación de dicha figura que opera en el derecho disciplinario, conforme se desarrolló ampliamente en esta obra.

1.5.1.6. LA INEXISTENCIA DE UNA ACTUACIÓN DOLOSA

La entidad estatal titular de la acción de repetición en un caso determinado tiene la carga de identificar y demostrar bajo qué título de imputación subjetiva llamará a juicio al agente o exagente estatal. De este modo, si decide optar por el dolo, deberá acreditar cada unas de las condiciones previstas en la Ley 678 de 2001 —supuestos o presunciones— y, además, también tendrá que probar que se

161 Comisión Nacional de Disciplina Judicial. Sentencia del 15 de febrero de 2023, radicación n.° 200011102000201800006301, M. P. Carlos Arturo Ramírez Vásquez.

reúnen los elementos que integran el dolo en materia disciplinaria de acuerdo con lo dispuesto en la Ley 1952 de 2019 y la jurisprudencia en esa materia —principio de culpabilidad—.

De este modo, el demandado podrá desvirtuar que no se probó el dolo, ya sea porque no se demostraron los supuestos previstos en el artículo 5 de la Ley 678 de 2001 o porque tampoco se acreditaron los elementos del dolo disciplinario conforme al desarrollo propuesto en esta obra y con ello, quedará excluido de responsabilidad pues no se hallara satisfecho el requisito del aspecto subjetivo exigido para la prosperidad del medio de control de repetición.

1.5.2. LA INEXISTENCIA DE UNA ACTUACIÓN GRAVEMENTE CULPOSA

Si la entidad estatal titular de la acción de repetición, en la demanda, decide optar por la culpa grave, como postulación del elemento subjetivo, deberá acreditar cada una de las condiciones previstas en la Ley 678 de 2001 —supuestos o presunciones— y además también tendrá que probar que se reúnen los elementos que integran la culpa gravísima en materia disciplinaria de acuerdo con lo dispuesto en la Ley 1952 de 2019 y la jurisprudencia en esa materia —principio de culpabilidad—.

De este modo, el demandado podrá desvirtuar que no se probó la culpa grave, ya sea porque no se demostraron los supuestos previstos en el artículo 6 de la Ley 678 de 2001 o porque tampoco se acreditaron los elementos de la culpa gravísima conforme al desarrollo propuesto en esta obra y con ello, quedará excluido de responsabilidad, pues no se hallará satisfecho el requisito del aspecto subjetivo exigido para la prosperidad del medio de control de repetición.

1.5.3. LA EXISTENCIA DE UNA CONDUCTA NEGLIGENTE O DESCUIDADA

Por último, tal y como lo propusimos en esta obra, un actuar negligente o descuidado del agente o exagente estatal no tiene la virtualidad de comprometer su responsabilidad patrimonial en el escenario de la acción de repetición, pues el constituyente de 1991 calificó e intensificó dicho descuido, bajo el rótulo de la culpa grave, de acuerdo con las anotaciones que hemos desarrollado en este texto. De este modo, podrá probarse que hubo negligencia, impericia o descuido de un agente o exagente estatal, como fuente única de una condena judicial dictada en contra del Estado en un proceso contencioso administrativo de repetición, pero sí no reúne esas condiciones especiales expuestas por la jurisprudencia constitucional y administrativa, no podrá prosperar la pretensión de repetición.

En este orden de ideas, si la entidad estatal decide presentar una demanda de repetición amparada en la ocurrencia de una conducta calificada por ella como constitutiva de culpa grave atribuible al agente oficial y no logra probar que se trata de un comportamiento altamente descuidado que se adecúa a cualquiera de los tres supuestos que integran la culpa gravísima en materia disciplinaria, su pretensión estará llamada al fracaso y así lo deberá determinar el juez de la repetición.

1.6. LOS CAMBIOS PROCESALES EN LA ACCIÓN DE REPETICIÓN POR CUENTA DE LA APLICACIÓN DEL PRINCIPIO DE CULPABILIDAD

El impacto de las recientes sentencias de la Corte Constitucional, tal como ha sido ampliamente expuesto en este texto generan nuevas necesidades a la hora de tramitar el medio de control de repetición, pues no solo representan un nuevo desafío para implementar el análisis del dolo o de la culpa grave, como un requisito sustancial y procesal, con una visión bajo el prisma del principio de culpabilidad, sino que además impactan lo atinente con los aspectos procesales de dicho mecanismo en la medida en que surgen nuevos requisitos que deben atender tanto las entidades estatales demandantes —titulares de la repetición—, como los jueces administrativos a la hora de decidir dichos procesos judiciales.

El derecho procesal como lo advierte Carnelutti[162]: *"es el conjunto de actos coordinados y sucesivos realizados por los órganos investidos de jurisdicción y los demás sujetos que actúan, a fin de obtener la aplicación de la ley sustancial o material a un caso concreto"*.

El proceso contencioso administrativo de repetición debe atender los mandatos que en la materia prevé la Ley 1437 de 2011 junto con aquellos especiales previstos en la Ley 678 de 2001 modificada a su vez por la Ley 2195 de 2022, con el fin de definir aquellas controversias que surjan en torno a la obligación o no que le asiste a un agente o exagente estatal de reintegrar la suma económica que ha tenido que pagar por el Estado por cuenta de una conducta atribuible a aquel que causó un daño antijurídico.

El mecanismo procesal para ventilar ese tipo de pretensiones fue debidamente consagrado por el legislador colombiano y es el medio de control de repetición. Pese a la adopción de un régimen jurídico sustancial y procesal contenido esencialmente en al artículo 90 del texto superior, la Ley 678 de 2001, la Ley 1437 de 2011 y la Ley 1564 de 2012 tenemos que la exigencia constitucional de abordar

---

162 Rogelio Enrique Peña Peña, "El proceso", V|lex. Información jurídica, tributaria y empresarial, https://vlex.com.co/vid/proceso-512164406#:~:text=Francesco%20Carnelutti%20nos%20dice%20que,material%20a%20un%20caso%20concreto".

el estudio del elemento subjetivo respecto de la conducta del agente estatal en los trámites de dicha acción, ponen de presente la imperiosa necesidad de adaptar todo ese compendio normativo, por la vía de la integración con otros sistemas, para asegurar no solo los fines que se persiguen con el instrumento de reintegro, sino para garantizar los derechos fundamentales de los demandados —agentes o exagentes estatales— y, por supuesto, para poder administrar justicia en esos asuntos.

La decisión de iniciar el medio de control de repetición recae en la entidad pública que pagó por una condena que se dictó en su contra por cuenta del actuar doloso o gravemente culposo de un agente o exagente estatal suyo, comportamiento que a su vez fue la causa eficiente de ese daño antijurídico que debió reparar. De este modo, el primer examen de esa conducta del servidor oficial es un asunto no de poca monta que tiene unas implicaciones en el presente y el futuro de la activación de ese medio control. Es cierto que la legislación cada día propende por obligar a las entidades estatales para que presenten la demanda de repetición cuando se produce una condena en su contra. También es verdad que los órganos de control en muchos casos podrán cuestionar que no se utilice la figura de la repetición, pero también es cierto que los servidores públicos encargados de tomar esa decisión deben analizar con sumo cuidado si se dan todos y no solo algunos de los requisitos sustanciales y procesales para iniciar la acción de repetición.

Vistas así las cosas, una primera consecuencia de la aplicación del principio de culpabilidad en la repetición exige entonces que los funcionarios de la entidad titular de ese mecanismo establezcan si la conducta de la cual se puede derivar el derecho al reintegro puede calificarse realmente como doloso o gravemente culposo, pero no solo a partir de una lectura aislada de la Ley 678 de 2001, sino también de cara a los conceptos de culpabilidad que se desarrollan en el Código General Disciplinario —Ley 1952 de 2019—. En este punto, vale la pena traer a colación lo que dispone el artículo 4 de la Ley 678 de 2001 cuando prevé:

> Artículo 4. Obligatoriedad. Es deber de las entidades públicas ejercitar la acción de repetición o el llamamiento en garantía, cuando el daño causado por el Estado haya sido consecuencia de la conducta dolosa o gravemente culposa de sus agentes. El incumplimiento de este deber constituye falta disciplinaria.
>
> El comité de conciliación de las entidades públicas que tienen el deber de conformarlo o el representante legal en aquellas que no lo tengan constituido, deberá adoptar la decisión respecto de la acción de repetición y dejar constancia expresa y justificada de las razones en que se fundamenta.

* LLM (Alemania); LLM (Brasil). Universidade São Judas Tadeu Brasil. deboragozzo@gmail.com

** Pontificia Universidade de São Paulo. mariacarolina.nomura@gmail.com

Nadie discute que es un deber legal de los servidores públicos que integran el Comité de Conciliación, el de ejercitar la acción de repetición, pero también debemos reconocer que esa decisión debe estar precedida de una manifestación expresa y justificada de las razones o motivos que la respaldan. Lo primero que debemos precisar es que no siempre que se condena al Estado por el actuar de un agente suyo, se activa automáticamente el medio de control de repetición, pues, por el contrario, solo cuando se esté en presencia de comportamientos dolosos o gravemente culposos es que se deberá iniciar ese instrumento.

Así las cosas, la entidad estatal titular del derecho a reclamar el reintegro, previamente a la adopción de la decisión de repetir o no, deberá valorar el comportamiento que desplegó su agente o exagente, las pruebas de esa conducta y luego si la misma puede ser calificada como dolosa o gravemente culposa de cara no solamente a las premisas dispuestas en la Ley 678 de 2001, sino también con base en las instituciones de culpabilidad propias del derecho disciplinario que están contenidas en la Ley 1952 de 2019, tal como lo hemos expuesto en este texto. Si la respuesta es afirmativa deberá así decidirlo, previa motivación expresa y clara que constará en el acta respectiva.

El anterior aspecto es entonces el primer impacto que desde lo procesal se genera para la adopción de la determinación de iniciar la acción de repetición, pues al debate que se dará en cada entidad sobre este punto, necesariamente, se deberán incluir las valoraciones y motivaciones en torno al estudio del dolo o de la culpa grave frente a las instituciones de culpabilidad propias del derecho disciplinario.

En un estadio posterior, ya cuando la entidad estatal esté en el proceso de confección de la demanda de repetición, será necesario como novedad abordar desde el punto fáctico y jurídico los diferentes elementos que requiere la procedencia de dicho medio de control, en especial, aquellos que atañen con el dolo o la culpa grave con una visión bajo el prisma del principio de culpabilidad. De la misma forma, será necesario allegar pruebas o elevar las solicitudes probatorias pertinentes para probar o el dolo o la culpa gravísima. Este es un aspecto esencial del libelo que debe contener un marco de la pretensión de repetición que debe ser claro y debidamente fundamentado con la respectiva calificación subjetiva.

Otro aspecto que es eminente judicial recae en la labor que debe desplegar el juez de la repetición a la hora de tramitar la demanda respectiva, es decir, en el curso del proceso contencioso administrativo, pues la nueva visión del dolo o de la culpa grave bajo la égida del principio de culpabilidad implicará tomar acciones concretas nuevas tanto al momento de fijar el litigio, decretar las pruebas y al dictar sentencia.

El juez administrativo, para la fijación del litigio deberá determinar con base en la demanda[163] si la imputación dolosa o gravemente culposa se acredita y para ello deberá atender las manifestaciones que constan en el libelo genitor. Y en el momento de decretar las pruebas, deberá contrastar sobre su conducencia, pertinencia y utilidad, aquellas que se aportan junto con las pedidas con el fin de conectarlas con la postulación de culpabilidad incluida en la demanda de repetición. Finalmente, a la hora de emitir la sentencia, el juez deberá confrontar el cumplimiento de todos los requisitos sustanciales y procesales de la acción de repetición con aquello que arrojó el trámite del proceso, con el especial cuidado de dedicar un acápite de su decisión al estudio del elemento subjetivo de la conducta del agente estatal, insistimos incluyendo valoraciones en torno al dolo o la culpa grave con las instituciones propias del derecho disciplinario, tal como se propone en esta obra. La pretensión procesal de repetición entonces resulta adicionada ahora con el reciente precedente de la Corte Constitucional.

Otro aspecto que varía en torno a la aplicación de un enfoque respetuoso del principio de culpabilidad en el trámite de la acción de repetición, concierne con la rigidez con la que debe ser respetada la garantía de la congruencia entre la imputación fáctica y jurídica que integra el análisis y sustentación del aspecto subjetivo incluido en la demanda por la entidad estatal demandante y la sentencia que defina la controversia, pues no se podrá con posterioridad a las oportunidades previstas en la legislación procesal contenciosa administrativa, modificar ese núcleo esencial del libelo genitor, so pena de violar gravemente el derecho de defensa del demandado.

En este orden de ideas, el juez de la repetición será el encargado de salvaguardar dicha garantía para evitar, por ejemplo, que, por la vía de solicitudes, los alegatos o a través de los recursos, la parte demandante, postule hechos distintos o nuevos o pruebas a aquellos desarrollados en la demanda que varíen el alcance inicial del elemento subjetivo de la conducta del agente oficial. De la misma forma, la judicatura tampoco podrá en forma oficiosa superar ese límite fáctico y jurídico demarcado inicialmente desde la demanda y entrar a señalar si los hechos o medios probatorios se ajustan mejor a uno u otro de los supuestos previstos en la Ley 678 de 2001 o incluso abordar el análisis del aspecto subjetivo de la con-

163 En ese sentido, el Consejo de Estado, sostuvo: *"Esas imprecisiones impiden aplicar las presunciones de la Ley 678 de 2001 pues es deber de la entidad actora especificar la presunción de dolo o culpa grave, a lo cual se agrega que debe hacerlo de manera clara para que cada uno de los demandados cuente con la certeza de conocer qué se le endilga y frente a qué comportamiento específico y en esa medida tengan la oportunidad de ejercer su derecho de defensa y contradicción frente a un cargo particular"*. Sección Tercera, Subsección "B", Sentencia de 11 de octubre de 2021, Expediente 55.945, C. P. Fredy Ibarra Martínez.

ducta para completar o reformar esa tarea que está radicada, exclusivamente, en la parte actora estatal. Cualquier acción en ese sentido iría en contra del derecho de defensa del demandado[164]. La pretensión y su alcance, reiteramos, lo fija desde un principio la entidad demandante. El Consejo de Estado[165] respalda plenamente la conclusión anterior.

Ojalá que en el futuro el legislador decida modificar la legislación de la acción de repetición para incluir instituciones propias del principio de culpabilidad del derecho sancionatorio estatal que faciliten el trámite de esos medios de control. Mientras eso ocurre, el ordenamiento jurídico patrio contiene otros sistemas que bien pueden servir de utilidad para lograr la verdadera coexistencia entre el régimen normativo de la repetición y esos conceptos sustanciales que otras disciplinas del derecho sancionatorio estatal con el fin de alcanzar los objetivos constitucionales entre el derecho del Estado a recuperar lo pagado por el actuar doloso o gravemente culposo de un agente suyo y las garantías y derechos fundamentales de los servidores oficiales.

---

164 En ese sentido, el Consejo de Estado, sostuvo: *"Esas imprecisiones impiden aplicar las presunciones de la Ley 678 de 2001 pues es deber de la entidad actora especificar la presunción de dolo o culpa grave, a lo cual se agrega que debe hacerlo de manera clara para que cada uno de los demandados cuente con la certeza de conocer qué se le endilga y frente a qué comportamiento específico y en esa medida tengan la oportunidad de ejercer su derecho de defensa y contradicción frente a un cargo particular"*. Sección Tercera, Subsección "B", Sentencia de 11 de octubre de 2021, Expediente 55.945, C. P. Fredy Ibarra Martínez.

165 Sección Tercera, Subsección "C", Sentencia de 8 de agosto de 2023, Expediente 51.428, C.P. Guillermo Sánchez Luque. Igualmente, sobre este punto, el Consejo de Estado, aseguró: *"En ese sentido, resulta oportuno reiterar que el organismo que ejercita la acción de repetición debe exponer, de manera precisa, el cargo en el que sustenta la pretensión de reembolso contra el agente estatal, pues, en virtud del principio de congruencia, la evaluación del elemento subjetivo se circunscribe a los hechos que soportaron la imputación; por ende, no es posible analizar la conducta desde un escenario distinto"*. Sección Tercera, Subsección "C", Sentencia de 19 de abril de 2023, Expediente 60.956, C. P. Jaime Rodríguez Navas.

CAPITULO 4.
LA ACCIÓN DE REPETICIÓN COMO ESPECIE DEL *"IUS PUNIENDI DEL ESTADO"*

1. EL *IUS PUNIENDI* DEL ESTADO

De gran valor para el logro de los fines constitucionales representa el otorgamiento de la potestad sancionatoria para que el Estado pueda proteger su funcionamiento, los intereses públicos, la sociedad y los derechos de los ciudadanos. Ese instrumento es lo que comúnmente conocemos como el Ius Puniendi Estatal, descrito así por la Corte Constitucional[1]:

> 18. El derecho sancionador es un categoría jurídica amplia y compleja, así reconocida por la jurisprudencia[2], por la cual el Estado puede ejercer un derecho de sanción o ius puniendi, destinado a reprimir conductas que se consideran contrarias al Derecho, es decir, a los derechos y libertades u otros bienes jurídicos protegidos. Dentro de sus manifestaciones[3], se han distinguido de un lado el derecho penal delictivo[4] y de otro, los que representan en general poderes del Derecho administrativo sancionador, como es el caso del contravencional[5], del disciplinario[6] y del correccional[7].
>
> 19. Todas estas expresiones del ius puniendi, pueden determinar afectaciones sobre los derechos constitucionales, pues así lo determinan las sanciones a ser impuestas y que van desde el llamado de atención, o la carga monetaria a favor del fisco, hasta la suspensión o cancelación de una licencia profesional o la inhabilitación temporal para desempeñar funciones públicas, o, en el caso más extremo, la privación de la libertad. Quiere decir lo anterior, que estas medidas pueden significar restricciones o limitaciones por ejemplo a los derechos al buen nombre, al derecho político de ejercer cargos públicos, a la libertad de locomoción y al ejercicio libre de profesión u oficio o libertad de trabajo, a la libertad de

---

1 Sentencia C-702 de 2009, M. P. Juan Carlos Henao Pérez. Ver también Corte Constitucional, Sentencia C-030 de 2023, M. P. Juan Carlos Cortés y José Fernando Reyes.

2 Por todas, la Sentencia C-818 de 2005. También en Sentencias C-214 de 1994, C-948 de 2002, C-125 de 2003, C-406 de 2004, T-060 de 2009. Cita original.

3 Vid., entre otras, las Sentencias C-214 de 1994, C-948 de 2002 y C-406 de 2004. Cita original.

4 Corte Constitucional, Sentencia C-1161 de 2000. Cita original.

5 Corte Constitucional, Sentencia C-1112 de 2000. Cita original.

6 Corte Constitucional, Sentencia T-438 de 1992. Cita original.

7 Corte Constitucional, Sentencias T-242 de 1999 y T-492 de 2002. Cita original.

> retiro de la actividad económica y a la propia libertad personal, cuyos alcances se reducen a la par que operan las sanciones administrativas, disciplinarias y penales impuestas.

El pronunciamiento constitucional trascrito pone de presente el alcance del derecho sancionatorio estatal, como una valiosa herramienta que detenta el propio Estado para asegurar varios objetivos y que se manifiesta de diversas formas, una de ellas, a través de lo que se denomina el derecho administrativo sancionador y otras como el correccional, contravencional y el derecho disciplinario[8] al lado por supuesto del derecho penal. Por su parte, la Sala de Consulta y Servicio Civil del Consejo de Estado[9], sobre esa misma potestad pública advierte:

> El "ius puniendi", es la expresión latina referida de manera general a la facultad de sancionar o castigar que ostenta el Estado. En nuestro país la construcción de este concepto se ha elaborado a través de la doctrina y la jurisprudencia que agruparon bajo esta noción la potestad penal de los jueces y la potestad sancionadora de la administración. Sin embargo, la elaboración conceptual no ha sido fácil debido a que en esta atribución se dan cita múltiples competencias en las que se cumplen diferentes finalidades de interés general.

Por otra parte, en virtud de esa potestad estatal se pueden imponer afectaciones a los derechos de los ciudadanos que implican restricciones de derechos para desempeñar o para acceder a cargos públicos, la prohibición de ejercer la profesión y la pérdida de la libertad e incluso la fijación de cargas económicas.

Particularmente, la acción de repetición es un mecanismo procesal de carácter judicial que busca que un agente o exagente estatal sea condenado a reintegrar al Estado aquello que debió pagar por el actuar contrario a derecho de aquel por un comportamiento doloso o gravemente culposo. Nótese, que la pretensión principal de este instrumento es la imposición de una obligación económica a cargo del servidor o exservidor público y favor del Estado —acción de reintegro— por una condena que éste debió asumir.

Visto lo anterior nos surge entonces una duda: ¿podemos ubicar la acción de repetición como una especie del *Ius Puniendi del Estado?* Procedemos en el siguiente numeral a responder este gran interrogante.

---

8 Corte Constitucional, Sentencia C-030 de 2023, M. P. Juan Carlos Cortés y José Fernando Reyes.

9 Concepto 2159 de 2013, C. P. Alvaro Namén Vargas.

1.1. ¿LA ACCIÓN DE REPETICIÓN ES UNA ESPECIE DEL DERECHO SANCIONATORIO ESTATAL O TIENE OTRA NATURALEZA JURÍDICA?

Tal como lo hemos visto en el desarrollo de esta obra, el propósito principal de la acción de repetición es obtener el reintegro de lo pagado por el Estado por cuenta de una conducta dolosa o gravemente culposa de un agente o exagente estatal que ocasionó un daño antijurídico a un tercero. Lo particular de este mecanismo procesal es que es el juez administrativo quien impone finalmente la carga económica en contra del servidor o exservidor oficial si encuentra satisfechos los requisitos ampliamente estudiados en este texto.

De otra parte, si bien es cierto que la insatisfacción o el no pago de la condena impuesta en el trámite de la acción de repetición por parte del agente o exagente estatal, puede restringir sus derechos a acceder a cargos públicos, no por ello podemos concluir que dicha obligación de pago tiene una naturaleza sancionatoria, pues ampliamente tanto la jurisprudencia de la Corte Constitucional[10] como del Consejo de Estado[11], han señalado que su principal fin es perseguir el reintegro de aquello que el Estado pagó por la causación de un daño antijurídico a un tercero.

En este orden de ideas, creemos que la repetición no es una especie del *Ius Puniendi* del Estado, pues por un lado la sentencia judicial dictada como resultado de su trámite no puede ser considerada propiamente como una sanción[12]. Se trata de una acción de carácter patrimonial que busca que el Estado reciba aquello que pagó por una condena que se dictó en su contra en las condiciones tantas veces señalada. El Consejo de Estado[13], recientemente, precisó lo siguiente:

> (...) la Sala estimó que la responsabilidad patrimonial de los servidores del Estado (...) no es de carácter sancionatorio, sino reparatoria, en tanto se ejerce con el propósito de recuperar el patrimonio público, esto es, reintegrar al Estado el valor por el que fue afectado a consecuencia del pago de una condena indemnizatoria.

Adicionalmente, ni la jurisprudencia constitucional[14] ni la doctrina han señalado a la repetición como una de las especies del derecho sancionatorio estatal, características que sí les es propia al derecho penal o al derecho disciplinario, por

---

10 Sentencias SU-354 de 2020, SU-426 de 2021 y T-184 de 2023.

11 Sección Tercera, Subsección "A", Sentencia de 8 de mayo de 2023, Expediente 68.250, C. P. José Roberto Sáchica Méndez.

12 Corte Constitucional, Sentencias SU-354 de 2020, SU-426 de 2021 y T-184 de 2023.

13 Sección Tercera, Subsección "A", Sentencia de 8 de mayo de 2023, Expediente 68.250, C. P. José Roberto Sáchica Méndez.

14 Corte Constitucional, Sentencias SU-354 de 2020, SU-426 de 2021 y T-184 de 2023.

ejemplo. Ahora bien, no creemos posible incluir dentro del derecho administrativo sancionador este procedimiento especial previsto en la Ley 678 de 2001, no solo porque dista de sus fines, sino además porque dicha potestad está radicada en las autoridades administrativas[15] y no en las judiciales, como es el caso de la repetición.

De este modo, la repetición es pues un instrumento constitucional que no hace parte propiamente del *Ius Puniendi* del Estado, pero no por ello podemos asegurar que puede en algunos casos generar efectos similares a aquellos que surgen en virtud de cualquiera de las manifestaciones o especies de aquél. Así, por ejemplo, una sanción disciplinaria puede generar una inhabilidad para acceder a un cargo público —citar norma ley 1952 de 2019—, igual consecuencia jurídica que sería aplicable a aquel exservidor estatal que fue condenado en virtud de juicio de repetición e incumple la obligación de reintegro. En este punto, encontramos que entre la acción de repetición y la del proceso de responsabilidad fiscal, ocurre algo similar, pues en ambas decisiones se impone una obligación de pagar una suma de dinero por la causación de un daño patrimonial al Estado —uno por una indebida gestión fiscal y la otra por un comportamiento que generó una daño antijurídico que el Estado tuvo que indemnizar—, y no por ello tales determinaciones son consideradas jurídicamente como sanciones, sin perjuicio que puedan a su vez restringir ciertos derechos para contratar con el Estado o acceder a un cargo público.

Los senderos que marcan el camino de la repetición no están orientados a sancionar o reprimir los comportamientos de los servidores o exservidores públicos en el cumplimiento de sus funciones. El centro de atención tanto de la repetición como de la acción fiscal es la recuperación del daño patrimonial que sufre el Estado por cuenta de una actuación de un agente suyo. Por fuera de esos casos, existen los controles penales y disciplinarios.

1.2. EL SISTEMA AUTÓNOMO DE RESPONSABILIDAD PATRIMONIAL DE LOS SERVIDORES PÚBLICOS POR LOS DAÑOS QUE OCASIONEN AL PATRIMONIO PÚBLICO EN EL CUMPLIMIENTO DE SUS FUNCIONES POR COMPORTAMIENTOS DOLOSOS O GRAVEMENTE CULPOSOS

Para definir la naturaleza jurídica de la que hace parte la acción de repetición es necesario señalar que fue constituyente de 1991 quien diseñó un sistema de responsabilidad patrimonial propio, autónomo y especial para los agentes estatales cuando se tratara de la afectación que sufra el patrimonio estatal por cuenta de

15 Corte Constitucional, Sentencia T-184 de 2023.

sus actuaciones u omisiones que ocasionen daños antijurídicos a terceros. Este sistema es diferente e independiente a las categorías propias del derecho sancionatorio estatal (penal, disciplinario, correccional, etc.) tal como lo advirtió la Corte Constitucional[16]. Este sistema cuenta con un sustento constitucional propio edificado sobre los artículos 90, 268 numeral 5 y 272 numeral 6 del texto superior y se conecta específicamente con los daños que ocasionen los agentes estatales en el ejercicio de sus funciones o por fuera de ellas, pero con razón o con ocasión a su condición funcional. También, ese mismo régimen normativo prevé que las autoridades públicas encargadas de detentarlo son la jurisdicción contenciosa administrativa y los órganos de control fiscal. A su vez, el ordenamiento jurídico prevé un compendio normativo de carácter sustancial y procesal que los regula en cada uno de sus ámbitos de aplicación, esto es, por un lado, el artículo 90 superior, la Ley 678 de 2001 y la Ley 1437 de 2011 y por otro lado, los artículos 268 y 272 superior y las Leyes 42 de 1993, 610 de 2000, 1474 de 2011 y el Decreto 403 de 2020.

Así las cosas, creemos que el constituyente de 1991 con el propósito de proteger la moralidad administrativa y especialmente el patrimonio público, entronizó y creó un sistema propio de responsabilidad patrimonial de los servidores públicos y particulares que ejerzan funciones administrativas por los daños que estos ocasionan por sus comportamientos dolosos o gravemente culposos, que se une a otro sistema de control al que se integran las otras manifestaciones del *Ius Puniendi* del Estado (derecho penal, derecho disciplinario, etc.) y cuyos destinatarios son dichos sujetos.

De este modo, dicho sistema autónomo de responsabilidad patrimonial es pues un instrumento constitucional que activa el Estado para recuperar la merma que se causa al patrimonio público por cuenta de las conductas dañinas causadas por un actuar doloso o gravemente culposo que sean desplegadas por sus agentes en el ejercicio de la función administrativa a tal punto que existen dos vías diferentes, según el contexto en que se produzca dicha conducta. Una cuando ese servidor o particular detenta funciones que lo acercan a la administración, gestión, custodia, en sentido genérico, de los recursos o bienes estatales en la que detenta la facultad de su manejo, administración o disposición en el cumplimiento de sus funciones —ordenador del gasto, supervisor del contrato, etc.— en actividades que se denominan como propias de la gestión fiscal. La otra concierne con cualquier daño que se da por fuera de la gestión fiscal, que es aquella de la que se ocupa la acción de repetición en la que el agente estatal no se halla necesariamente en una situación que supone la administración, gestión o manejo de dineros o recursos públicos y que tiene su fuente próxima y directa en una sentencia condenatoria

16 Corte Constitucional, Sentencias C-557 de 2009 y T-184 de 2023.

u otra decisión judicial o mecanismo alternativo de solución de conflictos que imponga una obligación de pagar una suma de dinero al Estado por cuenta de un daño antijurídico causado a un tercero por dicho servidor o ex servidor oficial.

De esta forma, tanto la acción de repetición como la fiscal, se encaminan a que el Estado pueda recuperar el daño patrimonial que padece por cuenta de la actuación dolosa o gravemente culposa del agente estatal siendo prevalente la primera —reintegro— cuando la fuente de esa afectación provenga directamente de una decisión judicial que le imponga una obligación de pagar por la ocurrencia de un daño antijurídico que puede surgir por un comportamiento de acción o de omisión que surja en cualquiera de los escenarios en los que un servidor público o particular cumpla funciones administrativas en ejercicio de sus atribuciones. Con acierto, el Consejo de Estado[17], se refirió a ambas especies de ese sistema de responsabilidad patrimonial del servidor público y señaló lo siguiente:

> (...) El legislador instituyó la primera como el instrumento procesal especial para obtener la reparación del detrimento patrimonial causado al Estado por la condena, conciliación u otra forma de terminación del conflicto, originada en la conducta dolosa o gravemente culposa de un servidor o exservidor público o de un particular en desarrollo de funciones públicas, aún realizada en ejercicio de gestión fiscal y que causen daños antijurídicos a un tercero; por ende resulta improcedente por esta misma causa intentar deducir responsabilidad fiscal en aplicación de los mandatos de la Ley 610 de 2000, dado que para el caso la acción de repetición asegura de manera excluyente del otro mecanismo procesal mencionado el resarcimiento del daño ocasionado al patrimonial del Estado.

En este orden de ideas, reiteramos que tanto la repetición como la acción fiscal, buscan salvaguardar la protección del patrimonio público como instrumento para que el Estado, como titular de esos activos de la colectividad, pueda recuperar toda merma que sufra aquél por cuenta del actuar funcional doloso o gravemente culposo de sus servidores oficiales, previendo una regla prevalente para la primera, esto es la acción de reintegro —incluyendo la figura del llamamiento en garantía— y de forma subsidiaria la segunda, la acción fiscal, de tal modo que si se produce una condena u obligación de pago con fuente directa en una sentencia o decisión judicial o de un mecanismo alternativo de solución de conflictos, bajo las condiciones dispuestas en la Ley 678 de 2001, el mecanismo que se debe activar es necesariamente la repetición. Por el contrario, si la fuente del daño es diferente, procederá entonces la acción fiscal.

Lo anterior pone de presente la importancia que representa el daño patrimonial como centro de atención común tanto de la acción de repetición como de la acción fiscal, lo que a su vez aporta una razón adicional para que se pueda concluir que

---

17 Concepto 1716 de 2016, C. P. Flavio Augusto Rodríguez Arce.

ninguno de esas dos figuras que componen ese sistema especial del que hablamos en este libro, participe de ser una de las especies del derecho sancionador estatal o *Ius Puniendi del Estado.* Ahora bien, que del cumplimiento o no de una obligación de reintegrar una suma de dinero al patrimonio estatal, lo que se afectó por el actuar de un agente suyo puedan derivarse eventuales restricciones o inhabilidades para acceder al sector público, no implica necesariamente que ello represente propiamente que se trata de una sanción[18]. Esas limitaciones constitucionales están previstas precisamente para asegurar que la colectividad pueda recuperar aquello que salió de sus activos para cubrir un daño ocasionado por un actuar contrario a derecho del servidor o exservidor público en el ejercicio de sus funciones.

Por otro lado, tal como se indicó en otro aparte de este texto, el constituyente toleró que las condenas patrimoniales producidas en contra del Estado por los descuidos, desatenciones y negligencias de los servidores públicos debían ser asumidos por aquél. Igualmente, encontró razonable que los agentes estatales puedan equivocarse o descuidarse, dado que se trata de una característica propia de los seres humanos, quienes no son infalibles y que aunque se les exige cierto grado especial de conocimiento y diligencia, lo cierto es que están sometidos a una serie de complejidades, presiones, incertidumbres, limitaciones estructurales, recargo de tareas y adversidades que en muchos casos pueden llevarlos a tomar decisiones negligentes e incluso a abstenerse de tomar otras. El estándar constitucional en el artículo 90 superior entonces acepta y asume aquel daño patrimonial que sufra el Estado por cuenta del actuar culposo. Que el agente oficial actúe de forma negligente o descuidada es un pues un riesgo permitido por nuestro ordenamiento constitucional tanto en el marco de la acción de repetición como de la fiscal. Y esa protección resulta razonable y esperable ante el natural riesgo que genera para una persona la detentación de funciones públicas en ambientes normales o anormales y en otros revestidos de muchísima complejidad.

Las reflexiones anteriores sustentan ciertamente la calificación jurídica especial que el constituyente de 1991 elevó en el artículo 90 superior frente al tipo de comportamiento frente al cual resulta posible predicar la responsabilidad patrimonial y personal de los servidores oficiales, es decir, que es ante un actuar doloso o uno de carácter gravemente culposo. Y es ese el mismo racero con el que se debe medir la responsabilidad, tanto en sede de repetición como en la fiscal[19], a tal punto que la

---

18 Corte Constitucional, Sentencias SU-354 de 2020, SU-426 de 2021 y T-184 de 2023.

19 Consejo de Estado, Sección Primera, Sentencia de 31 de agosto de 2023, Expediente 130012333000 2017 00088 01, C. P. Hernando Sánchez Sánchez. En efecto, allí se concluyó: "Conforme la sentencia citada supra, al legislador le está vedado establecer un régimen de responsabilidad patrimonial con una exigencia de conducta mayor que

Corte Constitucional[20] declaró inexequible la culpa leve como fuente constitutiva de responsabilidad fiscal y advirtió que no podría ser diferente en materia subjetiva a la dolosa o a la gravemente culposa.

En este orden de ideas y a partir de todo lo anterior, es que creemos totalmente procedente predicar, que en todas las especies que hacen parte de este sistema de responsabilidad patrimonial de los agentes estatales, como lo es del caso de la acción de repetición y de la acción fiscal, es indispensable aplicar *mutas mutandis* el mismo contenido y alcance del principio de culpabilidad tal como lo concluyó la Corte Constitucional[21], pues al final la determinación o no de una responsabilidad atribuible a un agente o exagente estatal es un asunto que toca con la valoración de una conducta oficial la cual debe estar revestida de esa garantía.

Visto entonces que ambos sistemas de responsabilidad patrimonial de los agentes estatales comparten instituciones y propósitos similares aunque con algunas diferencias, podemos señalar que igualmente deben superar el análisis subjetivo del comportamiento bajo los parámetros del principio de culpabilidad y con ello las reglas normativas dispuestas en el régimen de responsabilidad fiscal al igual que las previstas para la acción de repetición deben añadir el estudio y la valoración subjetiva del comportamiento constitutivo del daño patrimonial —concepto previsto en la Ley 610 de 2000—, bajo la égida del dolo o de la culpa grave señalada en el derecho disciplinario contenido en la Ley 1952 de 2019.

1.3. LA CAUSA COMÚN DE LA ACCIÓN DE REPETICIÓN Y DEL PROCESO DE RESPONSABILIDAD FISCAL. UNA PROPUESTA DE COEXISTENCIA DE LOS REQUISITOS NORMATIVOS DEL DOLO O LA CULPA GRAVE PARA DECLARAR LA RESPONSABILIDAD FISCAL CON UN ENFOQUE QUE APLIQUE EL PRINCIPIO DE CULPABILIDAD

Tal y como lo señalamos con anterioridad al abordar el estudio del sistema de responsabilidad patrimonial autónomo de carácter constitucional que aplica a los servidores públicos o particulares que ejerzan funciones públicas, por cuenta de los daños antijurídicos que ocasionen a terceros con ocasión a sus funciones de forma

aquella que es utilizada para determinar la responsabilidad patrimonial de los servidores públicos a través de acción de repetición, en los términos previstos en el artículo 90 de la Constitución Política". Ver también, Consejo de Estado, Sección Primera, Sentencia de 2 de noviembre de 2023, Expediente 850012333000 2021 00207 01, C. P. Hernando Sánchez Sánchez.

20 Corte Constitucional, Sentencia C-619 de 2002.

21 Corte Constitucional, Sentencia SU- 259 de 2021, M. P. José Fernando Reyes Cuartas.

dolosa o gravemente culposa[22], tanto la acción de repetición como la acción fiscal, pretenden salvaguardar el patrimonio público al lado de otros fines que también se persiguen con dichos instrumentos de rango superior. De esta forma, no hay duda de que dichos mecanismos hacen causa común a la hora de recuperar aquello que el Estado paga por cuenta de una indemnización económica que asumió como consecuencia de una decisión judicial o de otro mecanismo alternativo de solución de conflictos —repetición— o frente a una indebida o defectuosa gestión fiscal —acción fiscal—. El centro de protección de ambas acciones es el mismo y no es otro que el patrimonio público.

Tanto la acción de repetición como la fiscal buscan o pretenden que el Estado recupere la merma patrimonial que sufrió por las actuaciones de sus agentes causadas con dolo o culpa grave[23]. De esta forma, tanto el juicio de repetición como la actuación administrativa fiscal implican efectuar una valoración sobre un comportamiento de acción, omisión o incluso una extralimitación de un servidor público que debe ser el causante directo de ese daño patrimonial. Adicionalmente, dicha actuación debió ocurrir en el contexto del cumplimiento de los deberes funcionales de los agentes estatales, tal como se ha expuesto ampliamente en esta obra. Y si bien es cierto que la fuente de la responsabilidad patrimonial derivada de la acción de repetición y de la fiscal es diferente, también lo es que ambas persiguen, se reitera, un mismo fin: recuperar la afectación que sufre el patrimonio público.

Particularmente, el proceso de responsabilidad fiscal ha sido descrito por la jurisprudencia de la Corte Constitucional[24], como un procedimiento que se inicia *"con el fin de establecer la responsabilidad por acción y omisión de los servidores públicos y de los particulares, en el manejo de fondos y bienes públicos cuando se advierte un posible daño al patrimonio estatal"*.

Así las cosas, hay un factor común denominador en ambas acciones —repetición y fiscal— y es la valoración de una conducta oficial para determinar si es o no causante de un daño patrimonial que sufre el Estado. En ambos sistemas, el análisis y acreditación del elemento subjetivo de cada una de esas acciones es un imperativo constitucional y legal —artículo 90 Constitución Política y Leyes 610 de 2000 y 678 de 2001—. De este modo, no puede predicarse responsabilidad patrimonial en contra del agente o exagente estatal si previamente no se valora

---

22 Consejo de Estado, Sección Primera, Sentencia de 31 de agosto de 2023, Expediente 130012333000 2017 00088 01, C. P. Hernando Sánchez Sánchez

23 Corte Constitucional, Sentencia C-382 de 2008, M. P. Rodrigo Escobar Gil.

24 Corte Constitucional, Sentencia T-184 de 2023, M. P. Jorge Enrique Ibañez Najar.

ya sea en la acción de repetición ora en la acción fiscal, si el daño patrimonial al Estado fue ocasionado directamente por un actuar doloso o gravemente culposo[25].

Por lo tanto, si el precedente judicial de la Corte Constitucional[26], exige la aplicación del principio de culpabilidad al analizar y acreditar el elemento subjetivo en la acción de repetición por tratarse de la valoración de una conducta humana, *mutatis mutandis* creemos que debe ser aplicada dicha línea jurisprudencial a todos los procesos de responsabilidad fiscal. Con atino la misma Corte[27], sobre el proceso de responsabilidad fiscal, aseguró lo siguiente: *"Al respecto, ha dicho la Corte que en materia de responsabilidad fiscal está proscrita toda forma de responsabilidad objetiva y, por tanto, la misma debe individualizarse y valorarse a partir de la conducta del agente"*.

Particularmente, el artículo 5 de la Ley 610 de 2000 —al igual que ocurre con el artículo 2 de la ley 678 de 2001— fija como uno de los elementos de la responsabilidad fiscal la acreditación de una conducta dolosa o gravemente culposa[28] atribuible a una persona que realiza gestión fiscal. Ello entonces da cuenta de un factor transversal derivado del tantas veces comentado sistema de responsabilidad patrimonial del servidor público que lo une inescindiblemente a un mismo pivote constitucional: la conducta oficial causante del daño patrimonial que sufre el Estado.

Visto todo lo anterior procederemos entonces a revisar cómo se estudia el aspecto subjetivo sobre el dolo o la culpa grave en el proceso de responsabilidad fiscal para luego postular una propuesta de aplicación del principio de culpabilidad en dichos procesos, desde el elemento subjetivo de la conducta dolosa o gravemente culposa del gestor fiscal.

---

25 En ese sentido, el artículo 118 de la ley 1474 de 2011 dispone: *"Determinación de la culpabilidad en los procesos de responsabilidad fiscal. El grado de culpabilidad para establecer la existencia de responsabilidad fiscal será el dolo o la culpa grave"*. Ver también Corte Constitucional, Sentencia C-382 de 2008, M. P. Rodrigo Escobar Gil. Consejo de Estado, Sección Primera, Sentencia de 31 de agosto de 2023, Expediente 130012333000 2017 00088 01, C. P. Hernando Sánchez Sánchez.

26 Sentencia SU-354 de 2020, M.P. Luis Guillermo Guerrero, SU-259 de 2021 M. P. José Fernando Reyes Cuartas y T-008 de 2022, M. P. Jorge Enrique Ibáñez N.

27 Corte Constitucional, Sentencia C-382 de 2008, M. P. Rodrigo Escobar Gil.

28 Corte Constitucional, Sentencias C-619 de 2002, SU-431 de 2015 y T-184 de 2023. Ver también Consejo de Estado, Sección Primera, Sentencia de 16 de diciembre de 2019, Expediente 41001233100020020111101, C. P. Nubia Peña Garzón y Sentencia de 31 de agosto de 2023, Expediente 130012333000 2017 00088 01, C. P. Hernando Sánchez Sánchez.

1.3.1. EL ESTUDIO TRADICIONAL DEL DOLO O DE LA CULPA GRAVE EN EL PROCESO ADMINISTRATIVO DE RESPONSABILIDAD FISCAL

La misma naturaleza patrimonial del proceso de responsabilidad fiscal, tradicionalmente, ha permeado el contenido del aspecto subjetivo de la conducta frente al dolo o la culpa grave con base en las instituciones propias del derecho civil[29] e incluso en las presunciones y conceptos previstos en la Ley 678 de 2001[30] o de cara al incumplimiento de deberes funcionales[31], lo que en cierta forma ocurre con ese mismo elemento en la acción de repetición. La ley 610 de 2000 no consagró conceptos propios de dolo o de culpa grave, lo que llevó a los operadores fiscales y luego al Consejo de Estado, ha recurrir a las nociones civiles que regulan el dolo o la culpa para llenar de contenido este importante requisito legal para declarar de dicha responsabilidad, que hunde sus raíces en el artículo 90 superior.

Lo anterior plantea una gran dificultad en la medida en que pretende unir las reglas normativas que rigen para los particulares a un asunto que le es totalmente extraño y que concierne con la administración de los bienes y recursos estatales en el marco del cumplimiento de los deberes oficiales un cargo público por parte de los servidores oficiales o de los particulares que reúnan unas condiciones especiales. Así, por ejemplo, se requiere ser gestor fiscal para ser responsable fiscalmente. Se trata de la protección de los bienes y recursos de la colectividad, lo que de por sí exige una mirada especial al momento de tratar la responsabilidad que les puede caber a quienes con su conducta oficial le causan un daño al patrimonio público.

Por otra parte, la creación de presunciones de dolo y culpa grave que introdujo la Ley 1474 de 2011 al proceso de responsabilidad fiscal —como ocurre igualmente con el de repetición—, tampoco trajo consigo la definición de los conceptos de dolo o culpa grave en la materia y más bien cumple con funciones para liberar en cierta forma la carga de la prueba que recae en el Estado en este tipo de procesos.

Lo cierto es que el legislador ha decidido guardar silencio tanto en el proceso administrativo, como en el proceso judicial de repetición, sobre la definición del dolo y de la culpa grave respecto de la responsabilidad patrimonial que pueda surgir para los agentes estatales en el ejercicio de sus funciones cuando ocasionen daños al patrimonio público. Ese espacio anterior, ha sido llenado por los opera-

---

29 Consejo de Estado, Sección Primera, Sentencia de 8 de mayo de 2014, Expediente 76001-23-31-000-2007-00153-01, C. P. María Elizabeth García González.

30 Consejo de Estado, Sección Quinta, Sentencia de 21 de junio de 2018, Expediente 05001-23-31-004-2003-01887-01, C. P. Rocio Aráujo Oñate.

31 Consejo de Estado, Sección Primera, Sentencia de 16 de marzo de 2017, Expediente 68001 2331 000 2010-00706-01, C. P. María Elizabeth García González.

dores fiscales y por la justicia administrativa, echando mano de las instituciones civiles que no dan respuesta a los desafíos que hoy implica analizar la conducta del servidor oficial en el ejercicio de sus funciones.

1.3.2. LA CONDUCTA DOLOSA O GRAVEMENTE CULPOSA CON UN ENFOQUE QUE APLIQUE EL PRINCIPIO DE CULPABILIDAD EN EL PROCESO ADMINISTRATIVO DE RESPONSABILIDAD FISCAL

Similares consideraciones a aquellas efectuadas con anterioridad en este mismo texto frente a la acción de repetición nos ponen de presente que el estudio del dolo o la culpa grave en el proceso administrativo de responsabilidad fiscal, tampoco pueden abordarse a partir de las instituciones propias de la responsabilidad civil. De la misma forma, las presunciones de dolo o de culpa grave establecidas en la Ley 1474 de 2011 para los procesos de responsabilidad fiscal dispuestos en el artículo 118[32] no satisfacen las nuevas exigencias del principio de culpabilidad que se deben también valorar y acreditar en dichas actuaciones administrativas.

---

32 Artículo 118. Determinación de la culpabilidad en los procesos de responsabilidad fiscal. El grado de culpabilidad para establecer la existencia de responsabilidad fiscal será el dolo o la culpa grave.
Se presumirá que el gestor fiscal ha obrado con dolo cuando por los mismos hechos haya sido condenado penalmente o sancionado disciplinariamente por la comisión de un delito o una falta disciplinaria imputados a ese título.
Se presumirá que el gestor fiscal ha obrado con culpa grave en los siguientes eventos:
a) Cuando se hayan elaborado pliegos de condiciones o términos de referencia en forma incompleta, ambigua o confusa, que hubieran conducido a interpretaciones o decisiones técnicas que afectaran la integridad patrimonial de la entidad contratante;
b) Cuando haya habido una omisión injustificada del deber de efectuar comparaciones de precios, ya sea mediante estudios o consultas de las condiciones del mercado o cotejo de los ofrecimientos recibidos y se hayan aceptado sin justificación objetiva ofertas que superen los precios del mercado;
c) Cuando se haya omitido el cumplimiento de las obligaciones propias de los contratos de interventoría o de las funciones de supervisión, tales como el adelantamiento de revisiones periódicas de obras, bienes o servicios, de manera que no se establezca la correcta ejecución del objeto contractual o el cumplimiento de las condiciones de calidad y oportunidad ofrecidas por los contratistas;
d) Cuando se haya incumplido la obligación de asegurar los bienes de la entidad o la de hacer exigibles las pólizas o garantías frente al acaecimiento de los siniestros o el incumplimiento de los contratos;
e) Cuando se haya efectuado el reconocimiento de salarios, prestaciones y demás emolumentos y haberes laborales con violación de las normas que rigen el ejercicio de la función pública o las relaciones laborales.

Si la nueva realidad constitucional[33] reclama la valoración de la conducta bajo la óptica del principio de culpabilidad, atrás quedaron entonces el estudio del aspecto subjetivo en el proceso de responsabilidad fiscal bajo consideraciones genéricas sobre el dolo o la culpa grave o su acreditación con las presunciones establecidas en la Ley 1474 de 2011. No, hoy en día para que se pueda señalar que un fallo proferido por una autoridad fiscal es respetuoso del nuevo precedente judicial, es absolutamente indispensable que el dolo o la culpa grave se estudie con la aplicación estricta de las tales nociones de la culpabilidad de cara a las condiciones que se exigen en materia disciplinaria en la Ley 1952 de 2019, como se postula en esta obra para el caso del proceso judicial de repetición.

La conexidad entre la acción de repetición y la fiscal, tal como se explicó ampliamente líneas atrás plantea un nuevo panorama a la hora de abordar y acreditar el elemento subjetivo respecto a la conducta oficial que motiva una u otra acción a tal punto que necesariamente debe acreditarse bajo la égida del derecho penal o del derecho disciplinario —este último se ajusta más a la naturaleza de ambas acciones como se desarrolló en esta obra—. Así, unir el dolo con la intención de ocasionar un daño al patrimonio estatal no es un asunto que satisfaga las nuevas realidades ni mucho menos referirse a los comportamientos altamente descuidados para concluir la culpa grave. De la misma forma, tampoco emplear las presunciones de la Ley 1474 de 2011 sobre tales categorías de culpabilidad para probar el dolo o la culpa grave, reúnen las exigencias que impone el principio de culpabilidad.

Nótese que al igual como ocurre con la Ley 678 de 2001, en materia de responsabilidad fiscal, las Leyes 610 de 2000 y 1474 de 2011, incluyen los conceptos de dolo y culpa grave, al igual que establecen varias presunciones que buscan aliviar la carga probatoria en estos procedimientos en punto al elemento subjetivo, sin embargo, el precedente judicial de la Corte Constitucional[34], exige un cambio trascendental e histórico en la visión del elemento subjetivo —conducta oficial— con una arista garantista tal como se ha desarrollado en este texto.

En este orden de ideas, una lectura bajo el prisma del principio de culpabilidad exige ahora que, en los procesos de responsabilidad fiscal, al momento de asumir el examen del elemento subjetivo, se valore tanto el dolo como la culpa grave, bajo las instituciones propias de la culpabilidad, echando mano, según nuestra

---

33 Sentencia SU-354 de 2020, M. P. Luis Guillermo Guerrero, Sentencia SU-259 de 2021 M. P. José Fernando Reyes Cuartas y T-008 de 2022, M. P. Jorge Enrique Ibáñez N.

34 Sentencia SU-354 de 2020, M. P. Luis Guillermo Guerrero, SU-259 de 2021 M. P. José Fernando Reyes Cuartas y T-008 de 2022, M. P. Jorge Enrique Ibáñez N. Sentencia SU-354 de 2020, M. P. Luis Guillermo Guerrero, SU-259 de 2021 M. P. José Fernando Reyes Cuartas y T-008 de 2022, M. P. Jorge Enrique Ibáñez N.

propuesta de aquellas que provienen del derecho disciplinario contenidas en la Ley 1952 de 2019, es decir, el dolo y la culpa gravísima —esta última que sí reuniría en cierta forma las mismas características que exige el artículo 90 superior para la culpa grave, muy diferente de la culpa regulada en el derecho penal—.

De este modo, la utilización de las instituciones propias del derecho disciplinario para abordar la culpabilidad en sede del proceso de responsabilidad fiscal, como consecuencia de una nueva realidad constitucional que hoy en día consta en un sólido precedente judicial, por un lado conlleva a aplicar las nociones de dolo y la culpa gravísima previstas en la Ley 1952 de 2019 y, por otro lado, a ajustar su lectura también desde una óptica fiscal, pues mientras el disciplinario propende por vigilar el cumplimiento de los deberes funcionales de los servidores públicos para no afectar o poner en riesgo los fines estatales, la acción fiscal busca proteger el patrimonio público como su único centro de atención.

La precisión anterior resulta valiosa en el proceso de responsabilidad fiscal a la hora de valorar la conducta oficial que se despliega en el ejercicio de una gestión fiscal, pues no basta con acreditar las condiciones previstas tanto por la Ley 1952 de 2019 para que se halle acreditado el dolo o la culpa gravísima, sino que será menester, en primer lugar, que esos comportamientos constitutivos de una u otra forma de culpabilidad se prueben que son la causa directa y relevante de un daño patrimonial, requisito este indispensable para la declaratoria de responsabilidad fiscal, a tal punto que, si no se demuestra de forma cierta, concreta y actual ese daño, no será procedente el análisis de los otros elementos, entre ellos el subjetivo, es decir si se obró con dolo o culpa grave. En línea con lo anterior, el Consejo de Estado[35], con absoluta claridad aseguró lo siguiente:

> Así pues, se tiene que el daño constituye el presupuesto central de la responsabilidad fiscal, lo que significa que sin su existencia no es posible configurar la responsabilidad de los servidores públicos y de los particulares en el manejo de fondos o bienes públicos, cuando con su conducta activa u omisiva se advierte un daño al patrimonio del Estado[36], y solo después de estructurado este, es posible el análisis de los demás elementos que configuran la responsabilidad fiscal.

De otra parte, la conducta oficial dolosa o gravemente culposa atribuible a un gestor fiscal debe determinarse a partir del análisis y prueba de cada uno de los elementos que respectivamente integran cada una de las formas de culpabilidad dispuestas en la Ley 1952 de 2019. Para el caso del dolo, deberán reunirse los presupuestos relativos al: (i) conocimiento de los hechos constitutivos de la falta

---

35 Sección Primera, Sentencia de 30 de enero de 2020, Expediente 41001-23-31-000-1996-08597-01, C. P. Roberto Augusto Serrato Valdés.

36 Sentencia C-382 de 2008.

disciplinaria, (ii) conocimiento de la ilicitud, y (iii) el componente volitivo. Esta triada de elementos integran el concepto del comportamiento doloso. Para el caso de la culpa grave, tal como lo proponemos en esta obra, es necesario adecuar dichas conductas a cualquiera de los tres conceptos que integran la culpa gravísima en materia disciplinaria. Adicionalmente, si el fallo de responsabilidad fiscal se pretende edificar sobre cualquiera de las presunciones dispuestas en el artículo 118 de la Ley 1474 de 2011, también deberán adherirse las exigencias que la normatividad disciplinaria prevé para la acreditación del dolo o de la culpa gravísima.

Por último, la aplicación *mutas mutandi* del principio de culpabilidad en el proceso administrativo de responsabilidad fiscal, implica que los investigados puedan también proponer nuevos mecanismos de defensa en dichos procedimientos —como sucede en la acción de repetición—, tales como la inexistencia de una conducta dolosa o gravemente culposa así determinada de cara a las nociones de dolo y culpa gravísima en materia disciplinaria o la acreditación de una conducta negligente —comportamiento excluido de responsabilidad fiscal en virtud de lo previsto en el artículo 90 superior— y las causales de exclusión de responsabilidad en la culpabilidad, como se presenta en la Ley 1952 de 2019, tal como se explicó ampliamente en este texto para el caso de la acción de repetición.

REFERENCIAS

Consejo de Estado. Sala de lo Contencioso Administrativo. Sección Segunda, Subsección A. Sentencia del 24 de agosto de 2017, radicación n.° 76001-23-31-000-2006-02973-02 (1378-10). C. P. William Hernández Gómez.

Consejo de Estado. Sala de lo Contencioso Administrativo. Sección Segunda, Subsección B. Sentencia del 20 de septiembre de 2018, radicación n.° 68001-23-33-000-2014-00988-01 (3301-17). C. P. Sandra Lisset Ibarra Vélez.

Consejo de Estado. Sala de lo Contencioso Administrativo. Subsección “A”. Sentencia del 16 de mayo de 2019, radicación n.° 11001-03-25-000-2013-01115-00 (2637-13). C. P. Gabriel Valbuena Hernández.

Consejo de Estado. Sala de lo Contencioso Administrativo. Sección Segunda. Subsección A. Sentencia del 12 de noviembre de 2020, radicación n.° 19001-23-33-000-2016-00421-01 (6009-18), C. P. Gabriel Valbuena Hernández.

Consejo de Estado. Sala de lo Contencioso Administrativo. Sección Segunda. Subsección B. Sentencia del 14 de octubre de 2021, radicación n.° 11001-03-25-000-2011-00412-00 (1537-11). C. P. César Palomino Cortés.

Consejo de Estado. Sala de lo Contencioso Administrativo. Sección Segunda. Subsección B. Radicación: 11001-03-25-000-2012-00888-00 (2728-12) de 27 de febrero de 2014. C. P. Bertha Lucia Ramírez de Páez (e)

Consejo de Estado. Sala de lo Contencioso Administrativo. Sección Segunda. Subsección A. Radicación: 11001-03-25-000-2011-00680-00(2622-11) de 16 de julio de 2014. C. P. Alfonso Vargas Rincón.

Consejo de Estado. Sala de lo Contencioso Administrativo. Sección Segunda. Subsección A. C. P. Alfonso Vargas Rincón. Sentencia de 7 de febrero de 2008. Radicación: 25000-23-25-000-2001-11811-01(2941-05).

Consejo de Estado. Sala de lo Contencioso Administrativo. Sección Segunda. Subsección B. Radicación: 11001-03-25-000-2009-00132-00(1907-09) de 19 de marzo de 2015. C. P. Sandra Lisset Ibarra Vélez. Bogotá D. C.

Comisión Nacional de Disciplina Judicial. Auto del 3 de marzo de 2021, radicación n.° 110010102000201601111 00. M. P. Magda Victoria Acosta Walteros.

Comisión Nacional de Disciplina Judicial. Sentencia del 11 de mayo de 2022, radicación n.° 52001110200020180010101, M. P. Mauricio Fernando Rodríguez Tamayo.

Comisión Nacional de Disciplina Judicial. Sentencia del 6 de abril de 2022, radicación n.° 230011102000201800244 02, M. P. Julio Andrés Sampedro Arrubla;

Comisión Nacional de Disciplina Judicial. Sentencia del 16 de noviembre de 2022, radicación n.° 200011102000201900064 01, M. P. Mauricio Fernando Rodríguez Tamayo;

Comisión Nacional de Disciplina Judicial. Sentencia del 22 de junio de 2022, radicación n.° 110011102000-2018-07160-01. M. P. Carlos Arturo Ramírez Vásquez

Comisión Nacional de Disciplina Judicial. Sentencia del 15 de febrero de 2023, radicación n.° 20001110200020180006301, M. P. Carlos Arturo Ramírez Vásquez.

Comisión Nacional de Disciplina Judicial. Sentencia del 6 de septiembre de 2023, radicación n.° 11001110200020190007001, M. P. Carlos Arturo Ramírez Vásquez.

Corte Constitucional de Colombia. Sentencia C-155 de 2002, M. P. Clara Inés Vargas Hernández.

Corte Suprema de Justicia. Sala de Casación Penal, Sentencia del 5 de mayo de 2021, radicación n.° 51.779. M. P. Eyder Patiño Cabrera.

Corte Suprema de Justicia. Sala de Casación Penal, Sentencia del 6 de octubre de 2022, radicación n.° 52067. M. P. Hugo Quintero Bernate.

Dirección Distrital de Asuntos Disciplinarios. "Circular 021 de 2023 secretaría jurídica distrital–dirección distrital de asuntos disciplinarios". Alcaldía de Bogotá, 23 de junio de 2023. https://www.alcaldiabogota.gov.co/sisjur/normas/Norma1.jsp?i=145892#_edn10.

"Error". Diccionario de la Real Academia Española. https://dle.rae.es/error.

Fetecua Rodríguez, Juan Sebastián Ernesto. "Ensayo n.° 5: aproximación al tema del error como causal de exclusión de responsabilidad disciplinaria". En *Tomo II: Debates fundamentales sobre derecho disciplinario,* Carlos Arturo Gómez Pavajeau y John Harvey Pinzón Navarrete (directores). Bogotá, Ediciones nueva jurídica, 2020.

Gómez Pavajeau, Carlos Arturo y Pinzón Navarrete, John Harvey. *Tratado de derecho disciplinario. Tomo I: Parte sustancial general.* Bogotá: Universidad Externado de Colombia, 2021.

Gómez Pavajeau, Carlos Arturo. *Dogmática del Derecho Disciplinario: de acuerdo con la actualizada Ley 1952 de 2019.* Bogotá: Universidad Externado de Colombia, 2020.

Isaza Serrano, Carlos Mario. *Teoría General del Derecho Disciplinario: Aspectos históricos, sustanciales y procesales.* Bogotá: Temis, 2009.

"Miedo". Diccionario de la Real Academia Española. https://dle.rae.es/miedo?m=form.

Ordóñez Maldonado, Alejandro. *Justicia disciplinaria de la ilicitud sustancial a lo sustancial de la ilicitud.* Bogotá: IEMP, 2009.

Pinzón Navarrete, John Harvey. *La culpabilidad en el derecho disciplinario: concepto y análisis de sus distintos problemas conforme a la compleja estructura de la responsabilidad.* Bogotá, IEMP, 2016.

Sánchez Herrera, Esiquio Manuel. *Dogmática Practicable del Derecho Disciplinario.* Bogotá: Ediciones Nueva Jurídica, 2020.